英語教育史重要文献集成

[監修・解題] 江利川 春雄

■第2巻■ 英語教授法 1

◆外国語研究法

マーセル 著　吉田直太郎 訳

ゆまに書房

凡例

一、「英語教育史重要文献集成」第一期全五巻は、日本の英語教育史において欠くことのできない重要文献のうち、特に今日的な示唆に富むものを精選して復刻したものである。いずれも国立国会図書館デジタルコレクションで電子化されておらず、復刻版もなく、所蔵する図書館も僅少で、閲覧が困難な文献である。

第一巻　小学校英語
第二巻　英語教授法一
第三巻　英語教授法二
第四巻　英語教授法三
第五巻　英語教育史研究

一、復刻にあたっては、歴史資料的価値を尊重して原文のままとした。ただし、寸法については適宜縮小した。

一、底本の印刷状態や保存状態等の理由により、一部判読が困難な箇所がある。

一、第二巻は、翻訳ながら日本初の本格的な英語教授法・学習法書で、英語教授法史における記念碑的な著作である以下の文献を収録した。

マーセル著・吉田直太郎訳『外国語研究法』吉田氏蔵版（訳者兼出版人・吉田直太郎）、一八八七（明治二〇）年九月二日版権免許、九月一六日出版、序文五ページ＋本文一八三ページ、定価五〇銭。

一、本巻の復刻にあたっては江利川所蔵の二冊を照合し、状態の良い方のページを原版とした。複写等で協力をいただいた上野舞斗氏（和歌山大学大学院生）に感謝申し上げる。

英語教授法一　目次

外国語研究法

英國マーセル著
日本吉田直太郎譯

外國語研究法

吉田氏藏版

英國マーセル著
日本吉田直太郎譯

外國語研究法

吉田氏藏版

序

請ふ見よ人生眞個の樂事果して何の邊にかある廟堂の高に坐して百官を進退するにあるか將た書を北窓の下に繙き涼風に臥するにあるか百萬の兵を叱咤し武畧一世を蓋ふにあるか將た圖書を左右にし眞理を究むるにあるか一攫萬金一擲千金豪を盡し奢を極むるにあるか將た五寸の鞋一枝の杖山巓水涯を逍遙するにあるか惟ふに此數者は壯は則ち壯なり快は則ち快なりと雖も未た以て人生眞個の樂事と謂ふ可からさるか蓋し王介石たらんと欲する者あれは陶淵明たらんと欲する者あり「ナポレオン」を仰く者あれは「スピノザ」を慕ふ者あり紀文大盡を願ふ者あれは西行法師を好む者あり況や廟堂の高に坐する者も靜に寒流

石上の松を望み飛鳥の舊林に還るを見て或は逸人の心事を羨むへく凉風に臥する者も明君賢宰の治績を讀み四民怨嗟の聲を聞くの夕には或は君を堯舜に世を唐虞に致たさんとを思ふへく霜陣營に滿ちて月色苦み犬吠胡笳互に咽むて腥風泣くの夕には百万の兵を叱咤せる者も一夕無常の風吹かは其身體は何れの土となり其魂魄は何れの所にか行き果して富貴榮辱ある者あるやを疑ひ或は淡泊平穩なる學者の生涯を思ふへく清貧洗ふか如く學海に浴する者も或は馬を百万の陣頭に立て晒ふて金字塔を指すの快を思ふへし一遊千金肉林酒池の樂に耽りたる者も宴罷みて燈火青きの時最是餓死するの夕には色卽是空觀すれは夢の世の中覺めての後は悔しかるへく或は信仰の幸福

を感をへし信仰に厚く五寸の鞋一枝の杖天地を衾枕とせる者も天暗く風寒く樹木に聲あるの夕疾病身にあるの朝には或は高堂大厦父母妻子親戚朋友の樂を思ふへし由是觀之此數者は未た以て人生眞個の樂事となすに足らさるか何ろ人によりて之を異にし時によりて之を同ふせさるの此如なるや嗚呼人生眞個の樂事果して何の處にかある余未た之を知る能はすと雖も異邦の文を讀み異邦の語を使ふか如きは其れ亦之を得るの一方便一手段ならんか人各其學へる所に從ふて或は想はん「ワシントン」「チャザム」の口にて「ニウトン」「フランクリン」の手にせるは是れ斯語か「リセリユ」「ナポレオン」の舌にて「ルウソー」「ミラボー」の指にせるは是れ斯語かと獨逸語に伊太利語に西班牙語に將た其他

の語に於ても亦然り況や「セークスピヤ」「ヂッケンス」「ヴォルテヤ」「ヒユゴー」「ゲーテ」「リヒテル」其他大家の書を繙かは其樂しみたる果して幾何ぞ誠に春花妍を增し秋月明を加へ夏熱消へて冬風止むへし又況や政治に法律に經濟に理學に化學に文學に各其修むる所に係る異邦の書は即ち是れ寶の山なり以て其身を富ますへく以て其心を樂しましむへし嗚呼是れにして人生眞個の樂事を得るの一方便たらすんは知らす他に何者か能く之れあるへき宜なり近來外國語を研究する者日々ゝ多きを加ふるや外國語を研究する者日々に多きを加ふと雖も未た外國語研究法を述へたる書あるを見す是猶旅客に地圖なきか如し修學者其途を過まり時日を費やすと甚た多くして其得る所極めて少きは偶

然ならす余近日本書を獲之を閲するに外國語研究の方法を述ふる頗る丁寧親切就中如何にして讀み如何にして聞き如何にして話し如何にして文を草をへきやを述ふる詳密之を道理に正し實驗に徵し新說卓見紛々として紙上に滿つ私に之を手にをるの早からさりしを悲む而して惟ふに是れ獨り余のみならす世の外國語に從事をる者亦當に然るへし是を以て三伏の暑汗滴墨汁共に下るを避けす敢て之を譯述す世の外國語に關する者一讀せは其勞は半にして其功は之に倍をへし願くは大方の士江湖の客人生眞個の樂事を得るに後くるゝなかれ

明治二十年八月卄三日

譯者識

外國語研究法

マーセル著
吉田直太郎譯

緒言

嗚呼文明開化は果して何れの所より來たれるか固より天より降らす地より涌かす實に人類交際を好むの情より出つ此情や卽ち文明開化の父母にして文明開化は卽ち其子孫なり唯此情に迫まられて東西南北何れの國民も年々歲々其交通を繁くし其往來を密にするに至たる嘗て愚昧謬見が國民の間に築つける堤防卽ち彼我の別を立て交通を妨たくる所以の具も何そ能く此情を制止するを得んや宜なり今や其堤防の四面八方に崩るゝを見る

抑も國民相互の間に思想を交換するは當世の急須なり余や此急須を充たすの意を以て各人か其自國語を彼の如く容易に習得せる所以を考へ之に基き玆に外國語研究法を著はし人をして容易に外國語を知らしめんとす蓋し余の方法は道理に適し諸先輩の實驗に徴せる者なれは其能く心意の作用言語の性質及ひ社會の要用に應せるを知るへし

今日外國語研究法の種々様々にして其混雜を極むるを見は亦以て其正確普通の原理に基かさるを證するに足る尤も全く妄誕なるにあらさるも亦絶て全く眞實なる者あるを見す是宜しく發見すべきにあらずや若し余にして稍本題を明にし其改良を進め之をして完全に至たらしむるの

道を開くを得は則ち大に滿足する所なり
敎師ならさる者にして語學研究法を講す人或は以て假定に出つるとせん然れとも余の願ふ所は世を益するにあり而して本書世を益する少なからさるを信す殊に實際に外國語を知らんと欲する者及ひ敎師たらんと欲する者の爲に利益多かるへきを信す
其兒童なると然からさると其初學者なると然からさると其師に就くと然からさると將た其級を組むと然からさるとを問はす外國語を研究する者の爲に各其方法を示めせり又分類をなし人をして自家に最も必要なる者を學ふを得るの便を與ふ又敎師たる者は事情の許さん限り之に從ひ學生を敎ふへし

本篇は余の嘗て著はせる語學硏究に關せる大著作中より其要領大意を拔萃せる者なり

マーセル識

第一章　研究法の分類及ひ順序

善良なる分類によりて立てたる順序は學生の研究を容易にし且つ其進歩を速にす

本篇の題目なる研究法を述ふる前に余は先つ簡單に本篇の包含する目的及ひ原則を示めすへし而して分類は正格なる方法の基礎なり

抑も人類は生來交際的の天性を有し又隨ふて交際をなすの方便を賦與されたる者なり容貌哂笑啼泣嘆息擧動其他顏色の變化聲音の高低等一に皆其感情を外部に現はす自然の記號ならさるはなし之を動作の言語といふ總ての國民は之によりて其意を通するを得稚子は之によりて其聞く所を知るを得此の如く動作の言語は其意志を現はすと

は則ち之を現はせとも然とも其活潑なる交通をなすの必要を充たすに足らさるや固より明なり是に於てか言語あり言語は人智の自然の作用より起れりと雖も亦人爲に出てたる便利上の記號なり而して歳月の移つり文化の進むに隨ふて言語のみにては亦不十分となれり是に於てか文字あり蓋し言語あるも文字なかりせは邦國村落の間能く連絡し得へきや其經驗せる所を後世子孫に貽こすを得へきや之を要するに人類は稍無智の有樣に存そへし
吾人の思想を表示するの具二あり言語文字是なり而して智識を交換し思想を交通せんには須らく先つ言語文字を知らさるへからす現時の國語を學はんには四種の異りたる術を知らさるへからす今自國語を習得する順序に從ひ

之を左に揭くへし

第一　言語を聞き習ふと　　第二　話なすと

第三　文字を知ると　　第四　文章を草すると

自國語の塲合にありては右第一第二は自然に之を知り第三第四は敎育を待つて之を知る蓋し人の初めて稚子に語すや動作の言語卽ち顔色を變化し手指を動かし其意味を解釋するとにして又造物者の深意よりして人の世に生まるゝに方り先つ之をして啞たらしめ且つ之に賦與するに事物を知らんと欲するの情と之を知り得るの能力を以てす而して既に其言語を聞き習ひたる上は人眞似して其願望必要及ひ思想を言ふに至たる如此聞くと言ふとは天然自然に之を習へとも讀むと書くとは敎育を待つて始めて

之を知る

抑も右の四者を知れる之を國語を知れる者といふ是よりして好く思想を交通するを得へきなり蓋し思想の交通は言語文字か思想を代表する記號として先つ胸中に存し言語文字を見聞せは直に其思想起こり又は思想胸中に起こらは言語文字の直ゝ口に出て筆に從ふに至たりて始めて之を全ふするを得へき者なり既に國語を實地に應用するに右四者を知らさるへからさるに從ふて國語を學ふには此四者を知るの方法如何を講せさるへからす尤も此四者は互に親密なる關係を有すれとも各異りたる身體の機關の働によりてなされ亦異りたる社會の必要に應する者なれは宜しく順序を逐ふて之を學ふへきなり蓋し一事を一

時に習ひ各事を各時に習へとれ自然の教ふる所道理の命する所なり

右四者を習ふの順序は要用の大小相互の關係如何によりて之を定む今夫れ思想は先天の者卽ち生れる前より有せるにあらされは思想を通するに先つて之を知らさるへからす吾人れ自國語を話し得る前に耳を傾け他人の言語を聞くも此理なり彼の稚子は人の言語を聞きて言語の代表する思想を知り既に之を知りし上は之を話なすに至たる而して是規則によるにあらすして實例により理論によるにあらすして實習によるなり實例と實習とに根據し歸納法に從ひ思想よりして其記號全体より其部分句よりして其文字文字よりして之を支配する規則に及ほすは自然の

法なり而して吾人か自國語を彼か如く容易に知り得たる者全く玆にあり今此自然の法を移して以て外國語を學ふに應用せは同一の結果を得さるへからさる理にあらすや」既に述へたるか如く言語文字は便利上の記號なれは之を使用そるに先つて記號か代表する意味を知らさるへからす而して之を知るは讀むと聞くとにあれは讀むと聞くとの二事は夫の思想を言ひ現はす所以の談話及ひ作文に先んせさるへからそ他言以て之を云へは讀むと聞くとの才能を得は隨ふて談話作文の才能を得ると自國語の場合と敢て異なるなし此點は分類及ひ順序を定むるに要用なり」稚子の言語を知るは四邊の人より之を聞くによる然とも今外國語を學ふ者は全く之と齊しきを能はされは勢ひ書

籍によらさるへからす蓋し書を讀むは是れ其著者より之を聞くなり實習と摸擬とによりて國語を學ふなり又對譯の方便によりて外國語の意義を知るは彼の種子か動作の言語卽ち人の顏色擧動によりて言語の意義を知ると亦相似たり

抑も言語の摸範として書籍は談話に優さる其言語を用ゐると正格にして能く國語の天眞と一致し談話作文の此上なき案内者と爲すに足る又書籍は獨り言語に富み文体の正格あると談話に優さるのみならす見たる者は聞きたる者よりも心に留まると深かし加之讀むに方りては隨意に難句に意を留めて熟考するを得亦前後の關係を考へ合すを得るを以て全体の關係一入明よなり意義能く通すへし

然るに聽くは之に反し耳の聽ならさると或は之を述ふるの速かなるよりして解すへからさると多く又難句に意を留むるの餘裕なし況や前後の關係を考ふるの暇あらんや左れは國語を知るに讀むは聞くよりも利益多きを見る自國語に於ては先つ言語を知り次に文字を學ふを以て言語は文字を學ふの手引なれとも書籍によりて外國語を學ふ者は先つ文字を知り次に言語を學ふを以て文字を知れると深きに從ふて言語に上達すると速かなり久しく文字を見慣れ又教師の口より聞き慣れし上は作文談話の基礎なる文字の綴り發音に於て難澁を感せさるへし且亦最後の目的として見るも讀むと聞くとゝ談話作文よりも生涯中には遙に要用の多き者なり

讀むと聞くとを以て談話作文より先んすへき所以は讀むと聞くとは會話作文よりも一層容易なるを以て益す動かすへからさるを見る夫れ讀むと聞くとに於ては少しの字句を知れは事たり又屢は前後の關係よりして其意味を覺り得へしと雖も談話作文に於ては之に異りて慧眼敏才あるも之を利用すへからす蓋し談話作文にありては其思想を現はすへき文字言語を豫め知らさるへからさるのみならす意味の變化文字の綴り發音作文上の事柄をも知り居らさるへからさるを以てなり見よ千ならす万のみならぬ人々か大演説家の四邊を壓し又は大家の書を繙くと雖も其好く演説をなし文章を書き得る者果して幾人かあるや實に讀むと聞くとは少しの敎育にて十分之を知るに足れ

とも作文談話に至りては永日月勉強の結果にして且つ智力非凡記憶該博なる少數に屬する一種の特權なり宜なり自國語に於てすら文章談話に至りては永日月の勉強を以てするも尚且つ完全の點に達するに足らさるや

要用の點より云へは外國語にて文を草するは最後に立つ而して要用の最も少き者は最後に學ふへき理なり故に談話を以て作文に先んせさるへからす且夫れ文章は必竟言語を代表せる記號に過きされは作文に先つて話なすを學ふへきなり又話なすは作文に比すれは左まて精密なるを要せす談話の際誤謬をなさは卽時に之を改たむるを得又談話に於ては顔色体動によりて其意味を助けらるゝを以て此助を毫も得へからさる文章よりも意を通するの便

にして且つ愉快に學ぶにも容易なり
玆に一言し置くへきは讀書に十分達者になるにあらされは聞く方に意を用ふへからす話なすに熟達せされは作文に掛るへからすとの意にあらす然れとも最初には專ら讀書に意を用ゐ次に漸次他に及ほさは四者互に助を相なすへし而して之を知りし上は四者共に之を研究するも混雜を惹起するの弊なかるへし夫れ心意は既に知りたる種々の者を混雜するとなく包有するを得れとも未た知らさる二種の者を同時に知らんと欲すれは混雜を惹起し遂に之を別々に研究するにあらされは知るへからさるに至たる之を分ち之に勝てとは伊國の大政治家「マキヤベリー」の政治上の格言なれとも移して以て齊しく敎育上に適用すへ

きなり左れは是より述ふへき外國語研究法の順序は左の如し

第一　讀書　　第二　聞くと

第三　話なすと　　第四　作文

右第一第二に於ては文字言語は思想を喚起し第三第四にありては思想先つ起こりて言語文字を喚起す抑も思想と思想を代表する言語文字とを直接に連合するに至たらは即ち國語の眞智識を得たる者なり而して其玆に至たるは正當なる方法に從ひ反覆するによる反覆は善良なる方法の精神にして反覆すれは習慣を生し習慣は思想と思想の代表物たる言語文字とを直接に連合せしむ

人類は交際的の者なりと雖も天帝は吾人に賦與するに二

大天性を以てし此運命を遂けしむ何をか二大天性といふ好奇心摸擬力是なり夫れ好奇心即ち事物を知らんと欲するの情は人類に屬する特權にして其智識を增加する所以の者皆之れあるによる夫の讀み習ひ聞き習ふ如きは好奇心之か源因たり然り而して摸擬力は教育の基礎にして其能く他人と同一になり交際する爲に其言語を採用する所以の者之あるか爲にして人の能く會話作文を知るに至たるは摸擬力之か源因たり

見童の自國語を話し或は聞くは天然自然に思想と言語とを連合す然れとも外國語を自國語の媒介によりて學ふ者は對譯するとあれは言語と思想とを直接に連合せんには勉强と忍耐とを要す自國語の場合には自然或は實習法に

出て外國語の場合には彼我を對照するによる此比較法のみにては國語の完全なる智識を得へからさるも此法は考察力及ひ判斷力を喚起するを以て智力の發達に要用なる助けとなるなり今外國語を知らんには實習法比較法の應用を要す何となれは外國語は直接に思想の代表となる前に多少自國語によりて之を解釋せさるへからす而して此二者の割合如何を論するは實習比較法にして本篇の重要なる問題なり總て此方法によらさる者は徒に學生を苦め多少有害なる者とす

若し方便の爲に目的を犧牲にし學生の勞力を不利に歸し學生の望む目的を外にして其興味を奪ふ夫の準備的の稽古を省くを得は大に修學の時期を短縮するを得ん而して

是れ稽古と技術其物とを常に一致せしめ實習するにあり兒童の自國語を習得するを見るに此の如きに外ならす今外國語を學ふに方り之に傚ふも何の妨たくる所かこれあらんや蓋し學生か其事の實際に利益あるを知らは之か爲に奬勵せられへく其既に進步して其知りたる所を實地に應用するに至らは益す面白くなり快樂の一源因たるへし左れは善良なる方法は苦しみの道を變して樂しみの事となすにあり抑も教育の大秘訣は人意を自然と奬勵するにあり是れ卽ち最良の方法とす正當なる方法は總て學生の才能を用ゐしめ又自ら其進步を知らしめ徒に勞せしめを記憶せしめすして記憶せるの道自ら發明するの法を示めす是を以て師に就く能はさる者にも之を研究するを得せ

しむ

一事一物皆人よ教へらるゝを要すとは今日大に行はるゝ考なれとも是れ大なる弊害あり試に見よ最も熟練なる教師か與へたる十分の教育か屢は劣等の人物を生し獨學せる者か却て凡庸の上に出つるとあるも抜群の人物は自ら刻苦勉强せるの結果に外ならそ又今日の如く教育學か不完全の有樣にありて教育學なる者は全く各人の實驗によるの時にありては專ら教師に依賴するは甚た謂れなきを見る且や通例教師の職に從事する者は特別なる研究をなせるにあらす隨ふて其不熟練なるより自ら有せる智識を學生に傳ふる能はす抑も教ふへき事柄を知ると之を教ふる方法を知るとは全く別事なり而して外國語教授は大概

偶然の事情に際會し他に爲すへきともなきより一時の急を凌かんか爲止を得す之に從事する者多きに居るを以て殊に右二者の間の差違甚しとす

外國語を學はんと欲する者は教師の才能又は智識を賴みとせんよりも寧ろ常に自分の勉强に依賴すへし而して余は獨學者の爲に其方法を記るせり又教師たる者は學生を自ら勉强する樣に奬勵し唯獨り學生か自分にて知る能はさる所を教ふへし而して余の尤も可とする方は學生に與ふるに善良なる模範を以てし善良なる習慣の妨けとなる誤謬に陷らしめさるにあり而して之を爲すは誤謬を匡正するにあらすして正しき者を實習せしむるにあり尤も兒童は自分にて學ふの能力なきを以て教師は常に之を助け

さるへからす而して其幼稚なるに隨ふて其進歩の益す遲々たる者なり彼の多數の人か兒童の容易に自國語を知るを見て直に兒童は一般に語學に最も適する者なりと思ふは大なる誤りなり兒童の容易に自國語を知るは記憶力の特に兒童に盛なるの故にあらす唯自然の必要より絕へす之に注意するによる

吾人か自國語を知るは事物を知らんと欲するの情か自然と記憶力及ひ摸擬力を喚記するによれとも對譯して外國語を學ふは之に反し智力を要するを以て幼稚なる兒童の能く及ふ所にあらす對譯によりて外國語を學ふを得へきは自ら硏究の事柄に注意し思想判斷力を用ゐ道理力の既に發達し能く書籍を了解するを得るの時にあり左れは好

く自國語を知れるに從ふて外國語を學ふに一層容易なり尤も稚子は言語を記憶するに驚くへき傾向を現はせとも是れ全く實地より之を得るなり人の意を知り己の意を通するの必要より造物主は人の幼時に方り言語を知らんとするの傾向と之を知るの能力とを賦與したり外國語にても自國語の如く屢は稚子の四邊に談なさは能く言語を知るへし今日上等社會に屢は其例あるか如く外國人の守を付し置かは混するとなく襁褓の中に二三ヶ國の語を習ひ得へし然れとも人には老幼時期の異なるに從ふて夫れ々々特別の事務あり壯年になすへき事を幼時になすへからす十二三歳まては了解力の弱き勉強する意志の乏しき又不活潑の事を好まさるよりして書籍に就ひて自ら言語を

學ぶ能はさる徒に教師の盡力を無に歸すへし殊にラテンギリシヤ語に於ては然りとす又幼時に外國語を學へは能く心に染み込むと思ふへからす十二歳以前に對譯の方によりて外國語を學へる百人中九十九人までは學校を去りて數年ならさる中に殆と之を記憶に存せさるに至る又兒童は事物に就とも自國語に就ても其知れる所の少きと其智力の未熟なるとは齊しく共に外國書を解するの妨けとなり固より大家の高尙なる志想感服すへき文體を知り得へきにあらす又字典の助によりて文字を譯し得るも是にては著者の意を知る能はす夫れ文字は種々の意味を有する者にして對譯書には之を記るすも之を撰擇するの智識なければ意味を取り違ひ適ま他日の害となることあるへし又

兒童は教師の助によらは可なれ原文を譯讀するを得るとするも是未た其目的を達したる者にあらす夫の徒に文字の意味を知り得るも其精神を知るへからさる譯讀をなし其高尙なる句を切れ〳〵にするは其著者を汚かす者なり其微妙幽美の點は音讀の外知るへからさる者にして是兒童の爲し能はさる所なり

ギリシヤラテンの古文學より得へき大切なる敎訓及ひ快樂も之を讀むに方り幼時の不快なる記憶を憶ひ起てすを以て其利益と快樂とを失ふサウオルタースマクト曰く敎師は閒靜の時に於て最も快樂を得へき古文學も徒に涕涙恐怖刑罰を以て其想像を汚かしヴージルホレースの詩歌を讀む每に小學兒童の時を憶ひ起こし坐に不快の感に堪

へさるなりとバイロンはホレースの作を適當の時期に讀まさりしを痛く嘆息し其不平を鳴らしたりラマーチン亦其聖地巡回記中に曰ふあり一波瀾の打つ毎に身は希臘に近つき遂に其地に達し其光景を見て感する所淺からす然とも若し余の幼時の記憶にして伴生するなかりせは其樂しみたる決して茲に止まらさるなり希臘は余に取りては既に見飽きたる書藉の如し何となれは未た之を了解する能はさる時に强てギリシヤ語を讀まさりたれはなり徒に余の幼時の記憶を喚起するに過きさる希臘の古跡よりも余は一樹の緣河畔の草木葉に蔽はれたる斷橋を擇ふなりと

右述へたる所を概括すれは

第一　自然は語學研究の最良案內者なり
第二　其國語にて考ふるは其國語を知る第一條件なり
第三　記號の研窮は先つ其思想を有するとを包含す
第四　思想と言語文字とを連合するに至たるは實習の結果なり
第五　國語を實習するとは之によりて己の意を現はし人の意を知るの謂なり
第六　好奇心摸擬力は語學研窮に於て進步の源因なり故に(甲)實例は規則に優り(乙)實習は理論に先んせざるべからず
第七　吾人は天然の命する所に從ひ全體よりして其部分に及ばざるべからず

第八　方便と目的と一致せざるべからず

第九　目的とする所を失ふへからす

第十　吾人の記臆せんと欲する者は之を習慣とせさるべからず

第十一　一事を一時になし各事を各時になさゞるべからず

第十二　讀むは聞き習ふの道を開き聞き習ふは言ひ習ふの道を開き言ひ習ふは作文の道を開く

第二章　讀むと

書を讀むは吾人の天性の一なる好奇心を充たす者なり著者の思想と文章とを味ふ者なり抑も書籍は古來より傳りたる智力上の寶玉を藏せる倉庫なり種々の文字及び百科の學を知るの要具なり書を讀むに從ふて種々樣々の事を知り又字句の種々の意義を知り先哲後賢と一堂に相會し談話するの愉快を得へし然り而して其異りたる氣候の下に住し風俗習慣制度文物を同ふせさる國民は其意見思想を一にせざれば多くの問題に關し彼我議論を異にし歷史に政治に技術に其他の事柄に於ても其意見大に自國人と同じからざる者あるべし是を以て外國の書を讀めば其思想を廣くし眞理を得るの良策なるべし之を要するに常に

善良なる外國の書を讀むは甚た利益ある者にして以て智識を廣むべく以て思想を高尙にすべく以て善事を行ふに至たるべし常に賢哲と紙上に相接するを以て獨り其情を感し其思想を考へ其語を口にするのみならず之か爲に自家の情操を幽美にし自家の思想を高尙にし自家の言語文章の勢力を增加そ且や善良なる書籍は閑時の最良の朋友なり隨意の時に之を繙き快樂又は敎訓を得べし然れども人を以ては能く此の如くなるを得べからず吾人は快樂又は敎訓を受くるが爲に己の好む時に人をして談話せしむるを得ぞ又談話するも吾人の智識を得んと欲そるの情は社會の人の爲に充たさるゝと稀にある所なり

余は玆に讀むとを文字に其代表せる音を付するの術とし

て取扱ふにあらず蓋し如此は其發音を知らず又其文字を知らさる外國語の場合にあらされはなり何となれば記號か其記號されたる事物を喚起するは其事物を知りたる人にのみ限きるとにして自國語を讀むと外國語を讀むとは之を同一視する能はざるなり

外國語の場合に於ては目的としても方便としても最も要用なるは讀むとにあり而して讀むとは隨分敎師の助けを待たずして之を爲し得べし自ら外國語を讀むの方を知るは甚だ必要なり何となれば外國敎師は學生の國語に暗く其敎ふる書籍を學生の國語にて說明し又は學生の譯し謬まれるを正す能はざると屢ば之れあり自國にて家計を立つる能はさるより其語を敎へ衣食をなさんとて其行くへ

き國の語を知らすして教師たらんとする者少なからす嘗てゴルドスミスは英語を教へんとの意にて和蘭に行けるも全く自ら和蘭語を知らさるを以て其和蘭に到着せる時に方り其乘り行きし船に乘りて直に歸國するの外更手段なきを發見したりといふ夫れ知らさる者を知るは既に知りたる者を以て解釋するの外なけれは之を譯せさるへからす左れは教師たる者は譯することを知り居りて學生幼稚なれは口にて之を譯せさるへからす而して既に自ら研窮するを得るの年齢なれは對譯書にて其意を知るを得へし」文法書は讀書の助けとならさる者なり夫れ外國語を讀むに方り遭遇する第一の困難は字句の意味にあれとも文法書は之を説明せさるなり唯譯書は之を解釋す是を以て初

學者の第一に要する所は彼の文法にあらすして此譯書にあり文法は誤りて談話作文をなす者に正しく話し文を書くの道を敎ふるを得れとも是れ書を讀み語を聞き習ふの法にあらす學生の第一着に學ふへきは讀むと聞くとにあれは文法は初めて外國語を學ふ者には不必要なり殊に作文法を然りとなす何となれは其自然に反し規則を實例に理論を實習に先んすれはなり智力發達の序を見るに一物の觀察は常に其部分の考察に先んす吾人の自國語を知りたるも句よりして語に及へるなり一個々々の語は句をなすによりて其意味も定まり其用を全ふす語の解釋に向ふて句によるは思想より記號に進むの謂なり若し吾人にして天然の命する所に隨ひ外國語を讀み習はんと欲すれは

準備として文法又は一個々々の字を學ふへからそ字義は書籍中に於て前後の關係より之を知るへきのみ吾人か自國語を知るに至りたるは先つ一個々々の言語の意義を知りたるにあらすして却て讀むと聞くとにより全部よりして自然と單語を知りたるなりデゲランド曰く初學者には容易にして且つ面白からしむるは甚た要用なるに書を讀む準備の稽古として單語を敎ふるは其注意の如何に深切なるも最も面白からさる者にして隨ふて最も僻見の甚しき者なりと然れとも惟ふに氏と雖も極めて限りある少數の文字の種類に關しては之か例外を許すへし余は文字を二分し名詞形容詞及ひ働詞を第一種類となし冠詞代名詞副詞及ひ接續詞を第二種類とし且第二種類の中に助詞を

加はへんとす然り而して余の例外となさんといへるは此第二種類の文字をいふなり蓋し第二種類の文字は最初に之を知るか然からさるも讀書の際同時に之を硏窮するは有益なり何となれは此種の文字は表面にては其要用第二段にあれとも文句を接續し其意味を變化すれはなり然れとも所謂第一種類の文字を記憶するも初學者の助けとならさるなり其次第は文字の意味によりて變化し記憶せんとするも漠然として之を覺ふると難し且や發音綴り曲折其他文法上の事柄に至りては中々初學者に入りかたし既に之を連合する者なき單語を記憶するは右の如く甚た難く又縱令之を記憶するも左までの價値なき者なり蓋し問題の異り文體の同しからさるに隨ふて特別なる文字ある

者なれは切角苦みて記憶せる文字も其用をなさゝると多かるへし且夫れ正確なる字義は獨り前後の關係より知り得へき者なれは吾人か自國語を知りし時の如く讀と聞くとによりて之を知らさるへからす然るに之に反し所謂第二種の文字は如何なる問題にも如何なる文體にも之を用ゐさるを得さるを以て又其多數は唯一個の意味を有するを以て之を知らは文を解するの大なる助けとなるへし加之其綴りも一樣にして其字數少く僅に四百字に足らされは之を知るに容易なるへし而して其屢は紙上に現はれるを以て記憶に固く存すへし試に佛蘭西の小冊子を繙けは各行に所謂第二種の文字四五字以上あるを見るへし實に數の上より云へは所謂第二種の文字は他の文字の百分の

一に過きすして其文章上に現はれると之に倍す故に概して云へは所謂第一種の文字の一回用ゐらるゝ間に第二種の文字は二百回用ゐらるゝなり今方便は常に目的と一致せさるへからす讀書の爲には一見して其文字の何たるやを知るまてに文字の形を知り居るのみにて十分なり而して之を知るは文典を學ふにあらされとも第二種類の文字を適當に集めたる者別に之れなきを以て文典の詞の部分中に就て之を求むるは便利なりとそ

初學の時期に於て右に述へたる所に從ひ字の形のみ記憶するを以て滿足せす強て之を暗記せんとそるは不可なり強て之を暗記すれは隨ふて惡しき發音を生す例へは英佛兩國語の間同し文字よりなれる五十の綴り中同一の聲音

を現はす者一綴りあるか無きかなり左れは英語を知りて嘗て佛語を聞かさる者は佛語を發音すれは一の正當なる佛の發音をなす間に四十九の誤りたる發音をなすへし然れとも英語は常に見慣れて居るを以て佛語を見れは必す之に英語の發音を付すへし左れは他の國語を初めて讀むに當りて自國流に從ふて心中にて之に音を付すへし蓋し如此は唯字を綴るまてにて之を發音せんとするにあらされは發音の機關を愚しき癖に陷らさるを以て後日發音の稽古をなす時に容易に改たまるへし
自國語に於ける如く音讀卽ち棒讀みにて意味を知るは外國語を讀む者の達すへき目的なり譯讀卽ち顚倒して讀むは必竟音讀にて意味を取り習ふ手引なり既に進步せる後

は譯讀は書を解するの妨害となるへし何となれは常に之を譯讀し得へき者にあらされはなり然れとも音讀にて著者の意を取るに至たるは甚た容易にあらす而して既に茲に至たらは外國語の實用を得たる者にして又聞くにも話すにも作文をなすにも進歩の根本となる者なり然れとも音讀にて意味を取り習ふには必す先つ譯讀によらさるへからされは初學者は第一着に譯讀に意を用ゐさるへからす而して決して文法書の類より初むへからす蓋し其初めに讀むへき書は事柄の困難と文字の困難とに同時に際會せしめさる爲卑近なる問題を平易なる文體にて書ける者にあり然らは注意は專ら文字の上に向けらるゝを以て譯讀に意を專らにするを得へし總て文字を離れて六ケ敷事

物を書ける者は初學者には早きに過きたり初學者に讀ましむへき書籍は日常に用ふへき平易の者なるへし此種の字句は學生をして勞せすして談話の字句を得せしむると同時に高尙なる文字を知るの基となる
初學者に用ゐしむる書籍は文字正格なれは足れり他の優美の點は知り得へきにあらす又譯讀にては知れへき者にあらす譯讀せしむる書籍は難きに過きんよりも寧ろ易きに過きるを可とす語學硏窮は猶美術硏窮と齊しく名作は初學者に適せさる者なり初學者は常に劣等の者より初むへし最も幽雅高尙なる文體の書にあらされは初學者の手に執らしむへからすとは一般に行はるゝ考なれとも是れ甚た過まれりといふへし種々の準備的の稽古をなすの必要

起こるも畢竟之か爲にして自然に反せり而して是ろ初學者の氣力を沮喪せしめ且つ語學研窮に非常の永き時日を要する重なる原因の一と知られたり

近代の文學は好奇心を奬勵そる無盡藏なり又易きより難きに及ほすの主義を嚴格に應用するに容易なり初學者の爲めにせる書籍多けれは以て讀書會話作文の摸範となすへし此點は近代の國語か古代の國語に優さる利點にしてギリシヤ語及ひラテン語にて書かれたる書籍にして今日に傳はれる者其數極めて限きりあれは古文學は能力未熟なる者には難きに過きるを以て其能く之を了解するに至たるまて其研窮を猶豫すへし十歳の兒童の解する能はさる者も十五六歳になれは能く之を解し得る者なり

詩歌を讀む前に先つ多くの散文を讀まさるへからす硏窮の方便として高尙なる詩歌を讀ましむるは甚た謂れなきとなり詩歌は學問の進みし後自ら翫味して樂しむへき目的なり詩歌を硏窮の方便として用ひし者は旣に其國語を知りし後に之を讀まんと欲するの情を感せさるに至たる彼の本國人すら讀むに苦しむダンテ或はミルトンの詩歌を僅に數册の書を讀める者に讀ましむるは今日普通に行はるゝ所あれとも嗟之を何とか云はん

且又大部の書は初學者に適せさる者なり其讀むの遲々たるか爲に其書中の興味を失へはなり左れは初學者に最も適せる者は寓言物語畧史等總て卑近なる題目を記したる者にあり此種の書は誰れよりも興味ある者にして若し又其

事柄か其語を學ふ國の事に係れは殊に面白き者なり又其文體は平易にして純粹の物語は年齡の老幼を問はす總て初學者に最も適する者なり此種の書は讀むに面白く隨ふて其成功期すへきなり

外國語を學ふに別に準備的の稽古をなさす直譯書によりて直に初むるを得へし先つ直譯書を見次に原書を讀むへし即ち知れる者より知らさる者に及ほすへし而して對照の便利の爲に譯文を原文の反對の紙面に置くへし何れの邦國と雖も文學なき者あらされは最良の書籍は日々に譯せらるへく譯書を得るは難からす然れとも譯書の多き盡く善良なる者よあらされは原文を過まらすして密に原文の構造に從ふて譯せる者を擇はさるへからす而して初學

者に最も利益あるは直譯體にして明了正格の文體に書ける者にあり然り而して前に述へたる第二種類の文字を知り及ひ第一種類の文字の曲折を知り居らは譯書の直譯体ならさるに隨ふて利益多かるへし

同一の譯書は兩國人の爲になる者なり例へは英語に佛語を譯せる者或は佛語に英語を譯せる者は英人にして佛語を學はんと欲する者にも佛人にして英語を學はんと欲する者にも共に齊しく利益あり譯書は原文の意味を明にするを以て字典或は教師の必要を省くへし文字を知ると少き中に字典によりて讀まんとすれは非常に時日を費やし又字義の一ならさるより混雜に陷り初學者を沮喪せしめ其進歩を遲滯す殊に自國文をも多く知らさる兒童には字

典によ り一字々々に譯するは無益なり到底適當の意味を得る能はす今日外國語研窮に從事する年少多數の人か成功すると少き所以の者は一は此道理に反し自然に反ける方法を採用するによる夫れ字典によりて日に二三十行を譯讀せは一冊子を讀むに一年の日子を要すへし然るに少くも二三十冊の書を讀むにあらされは十分讀書の力を得る能はさる者なり或は字典を使用して得たる文字は能く記憶に存すと想像する人あれとも自ら思慮して發見したるにあらされは決して然からす字典によりて知りたる文字の記憶の助けとならさるは經驗の證する所にして其忘れ易きと驚くに堪へたる者あり然れとも智力を働かさをして手指を使用す何ろ能く此外に出てんや試に思へ自國

語は字典によりて得たるにあらさるも最も能く記憶に存するにあらすや字典によりて一字々々解せんとするは全部より部分句より字に及ほすといふ天然の法に反せり然とも其進歩し知らさる文字の少くなり正當の意味を見出すを得るに至りたる後は字典は要用なる者なり

譯書は著者の思想及ひ問題の主旨を知り易からしむるを以て字典にても得へからさる利益あり字典にては個々の文字に讀者の注意を向けしむるを以て全體の關係を破ふるなり既に譯書によりて原文を讀むは字典によりて讀むよりも容易なるを以て一定の時間に多く讀み得へく隨ふて同一の文字の屢は目に觸れるより文字は好く記憶に存すへし然り而して要用の多き文字程屢は現はれる者にて

自國語に於ても要用の多き文字言語程よく記憶に存する者なり又百枚の書を一日十枚つゝの割合にて讀むは之を一日一枚つゝの割合にて讀むよりも進歩の速かなる者なり外國文は初學者には實に混雜をる者にして目之を認識する能はされとも屢は同一の文字の適當の所に現はるるに隨ひ次第に其持殊の點を知り暫時の後は其意義自ら判然たるへし

教師と學生との間の分勞の如何は學生の學はんと欲するの情と其讀書の爲に費やす時とに比例するを可とす而して學生の日々に讀み得る分量の如何は學生か自身にて勉强する時と其稽古をなすの難易とに應して定むへし一級の中にても進歩の差違あるより種々の書を讀み得る者と

す而して敎師は聞くとを敎ふるに至たらは敎師のなき時に學生の勉强如何を知り得へし而して其進歩に應して之を分かたは勉强する者は他の者に妨けらるゝの弊を去るへし總ての者の智力才能を同一の標準となすの方は或る者には易きに過き他の者には難きに過きるの弊あり
初學者の採用すへき方法は殆と左の如くなるへし敎師のなき時には專ら譯讀すると或る周間同一の句を數度復習すると毎日其前日の課定を熟讀すると及ひ次第に對譯書に依頼せさる樣にするを而して譯讀の益す容易になるに隨ふて一定の時間に多く讀み得るを以て久しからすして對譯の類を要せさるに至たるへし然れとも此點に拘泥なし過くへからす初めより完全に達せんと爲すへからす蓋

し同一の書に久しく意を用ゐれは倦怠を來たし初學者の意志を奬勵するに必要なる好奇心を失はしむへし且や同一の所を餘り綿密に久しく讀めは稀にのみ用ゆらるゝ文字語句に意を奪はれて他の尚直接に必要なる者を知るへからさるに至たる全體必要の多き文字語句程屢は現はれる者なれは多くの書を讀むよ隨ふて其必要の度よ應して先つ記憶する者なり加之文字の眞正の意味は種々の所にて讀むより之を知る者なれは一問題に久しく心を苦めるは不可なり

兩國の語にて書ける書を今日の敎授法にては通常好まさるに關はらす此種の書少なからされは之を外國語を學ふの手引となし得へし原文の中間に挿める譯文は大家中之

を賛成する者少なからされは疑もなく讀書の助けとして要用なるへけれとも余は之よりも其譯を反對の紙面に載せたる者を一層可とす中間に譯を挿むは目を混雜する等不便多し學生は原文を讀み習ふに從て文字と其正格なる意味を知るのみならす語の變化曲折者等をも知るを以て既に譯書類に依るを止めし後新なる文字に際會するも之を推測して其意味を知るを得へし如此して自家の判斷力にて得たる文字と事柄とは好く記憶に存する者なり然り而して文字の形狀前後の關係より考へて判斷の付かさる文字は字典によりて其意義を見出すへし此場合に於ては速に棒讀をなし得る爲に對譯字典を用ゐさるを可とす對譯にては其意味丁度適當に箝まる者にあらされは對譯字

典によらは屢は意味を誤まるとあり
吾人の自國語を得たるは自然と之を覺れるなり其初めて之を聞くや其意明ならす次に之を聞くや稍明になり第三第四と重ねて之を聞くに隨ふて全く其意義の胸中に判然たるに至たる蓋し如此ものは心意の自然の作用にして夫の器械的に過きさる字典に依賴するに優るや遠しとす字典或は教師によりて得たる者よりも自ら心を勞して知りたる者は之を知ると詳にして且つ久しく記憶に存すへし今夫れ格段なる勉强をなさゝるも二三ヶ月間に五六冊の小冊子を讀み得へく或は之を二回までも讀み得るならん而して其後は讀書の容易になるに從ふて樂しみとなり遂に之に熟達すへし然れども是れ自ら勉强する者のとに

して固より兒童の及ぶ所にあらす蓋し兒童の進歩は敎師の之に敎ふる時間の長短にのみよるとなれは其進歩遲からさるを得す

一度讀み初めし書は宜しく通讀すへき者なれは敎師たる者通讀するの價値なき書を學生に讀ましむへからす首卷を讀める時の困難は末卷に至たるに隨ふて減する者とす之を讀むに從ふて其著者に格段なる文體を知り又其心は自然と著者と同感を抱くに至たると同一の字句に屢は會するを以て好く之を記憶し後半を讀むの稍容易なるは快樂の源にして亦學問の進める兆候にして快樂奬勵となる者なるに此快樂奬勵の道を奪ひ僅に書籍の一部分を讀ましむるは甚た不可なり況や其撰擇如何に宜しきを得たれ

はとて種々の著者の抜萃文を讀ましむるは殊に道理に反せり且や善良なる書籍の功績は獨り文體の精密なるか爲にあらす亦著者の懷ける目的全體の仕組部分の一致によるなり

ベンジヤミンフランクリン曰く一回讀むの價値ある書籍ならは須らく再ひ之を讀まさるへからすと余之に加へて云はんとす若し再讀する價値のなき書ならは初めより更に讀むへからすと蓋し再讀するは讀書の進歩と談話の材料を得るとは共に缺くへからさる者なり一回の時には注意か文字を解し事柄を知る方に奪はれ文勢結搆は勿論文字の綴り配列の如きも認識する能はさる者なり然るに二回或は三回之を復讀すれは其事柄は既に知れ居り文義

容易に解するを以て注意の一部は文章の如何に及ふなり多くの書を讀めるに關はらす文章の書けさる人あるは專ら事柄の上に其意を注き文章の如何を考へさるか爲めなり若し余の述へし所に隨へは殊に文字の綴りの如きは之を記する難からす何となれは同一の文字の屢は目に觸るゝを以てなり大凡大家の作は初めて之を讀む時は通例其妙味を知るへからさる者なり其部分の連絡全體の搆造文體の優美並に缺點を知るは數回之を熟讀したる後にあり而して名家の作は讀むに隨ふて一回は一回よりも轉た妙味を覺ふれとも劣作は讀むに隨ふて惡しくなり殆と二回と讀むに堪へさるなり

初めて讀むに方り解し得さる句に會はゝ其傍に記を付し

置くへし大概二回目之を讀む時には自然と解し得る者なり是れ實習の結果なり抑も反覆は語學の智識を得る大原則なり左れは六ヶ月絶へす勉強するは間隙を置ひて十二ヶ月勉强するよりも進歩する者なり國語の習慣を得るは同一の言語文字を絶へす見聞するによる者なれは其間隙の長きに伴れて成功する少き者なり

大家の著作を讀むは須らく譯せすして其意を解し得るの時まて延はすへし書籍の妙味は獨り棒讀みにて知り得へき者なり且又理科の書は譯讀にては棒讀みと一樣の利益を得へからさる者なり其故は譯讀にては論題の關係を破ふり容易に其推理の線を逐ふへからそ又詩歌小説の如き想像的の著作の重なる價値は文體にあれとも譯文にては

原文の意義に汲々として必す文體の如何を輕忽にすへし就中詩歌に至りては譯しては讀まれる者にあらす之を譯すれは其妙味忽ち索然たるへし夫れ二種の國語に於て決して文字語句の相一致する者にあらすして多少其眞意を異にせり是れ世間に信實の譯書の甚た少き所以なり伊太利亞の諺に飜譯家は反逆家なりといへるは多少眞理の存するを見るヴオルテヤ曰く善良なる院本に次ひて書くに困難なるは善良なる飜譯に若く者なしとラマルチン亦曰く總ての書中最も書きかたきは余を以て見れは善良なる飜譯なりとすと左れは有名なる記者か間靜なる書齋ヿて熟考せる飜譯も大概原文の不完全なる寫しに過きす况や未た好く外國語を知らす又自國語をも左まて知らさる者

乃粗末なる譯書は果して如何なる者なるへきや若し夫れ外國書を讀むは譯書の唯一なる目的なれは原文ヱ齊しき文句をなさんとするは無益なり原文の意味を好く明了にするを得は足れるにあらすや余は尙進んて云はんとす原文と違はさるのみにては飜譯にあらす原文の意味を解し易からしむるこそ眞の飜譯なれ

外國語の特殊なる不規則の點は善良なる譯書によりて之を解するを得へし夫の實習を理論に先んすへしといへる大原則に反せさる限りは初學者には多少許るす所あらさるへからす外國語に一種格段なる句の理由を自ら考へ出たさんとすれは多くの書を讀めさる者なり自國語にありても特別なる文句の理由を解釋する能はさる者多けれと

も之を自由に實地に使用して毫も不都合を感せさるにあらすや善良なる教育を受けたる英人にても Many a day 又は a few salmon; I had rather stay; Nowaday. 等文法或は文字の適當の意味に反せる文句の理由を知りたる者果して幾人かある此種の俚語は幾何ともなく日々に用ゐられ何れの國語にも此種の不規則の語は之れあるなり

譯讀か外國語に熟達するに妨害となるは文字と思想とを直接に連合するを妨たけ外國語の音を聞くも一旦之を譯せされは其意を解する能はさらしむるによる譯讀にては原書は目前にあるも其注意は譯讀に奪はれ原文は其心に留まらさるなり左れは譯讀をすれは外國語にて考へ其文句を記憶すると出來へからさらしむ然れとも唯初學者ゝ

は譯讀の利ある者にして譯讀にあらされは原文を解せしむるによしなし然り而して數冊の書を譯讀し單語及ひ外國語に特別なる句を知りし後は直接に著者の思想を得んか爲に譯讀の習慣を除くへし而して今や之れを避くるは難きにあらす殊に棒讀みを初むへきは同一の書を二回目讀む時にあり此時に當りては既に一回讀めるを以て之を讀むに容易なれはなり然り而して數日棒讀みせる後は譯讀よりも著者の意を取るに遙か容易なるを發見すへし

今まて發音のとを述へさりしか是れ發音は文字の意味を知るの助けとならす自國語の音と意味との大關係あるか如くならさるを以てなり未た屢は外國語を聞かさる中に其讀むに隨ふて發音すれは惡しき發音の習慣に陷るへし

若し又正格なる發音を得んと意を用ゐれは書籍を解すへき時は之か爲に失なはるへし而して語學硏窮に於て第一着に要そるは意味を知るにありて發音にあらさるなり一語に就て宜しく考ふへき者三つあり文字聲音及ひ意味是なり而して文字は聲音の記號ふして聲音は意味の記號なれは記號か其代表せる事物を心に現はすにあらされは考察の目的となる能はさる者なり左れは聲音を知るに先つて其意味を知らさるへからす綴りに意を用ゐるに先つて聲音を知らさるへからす

敎師によらすして外國語を學ひ自國語の發音に隨ふて之を發音し而して眞の發音を知らさるも文字の意味を知りたる時に棒讀みの習慣を得んとすれは其最良の方法は之

を默記するにあり如此すれは譯讀の弊を去るへし尤も此方法は固より完全なるにはあらされとも口に發音せさるを以て一旦眞正の發音を聞くの機會を得は自己流の發音は容易に之を改たむるを得へし又教師に就て學ふ者は棒讀みするの時に至たらは發音に達すへし既に發音に達せは棒讀みすへし常に棒讀みすれは文字と其意味とは譯せさるも直に解するに至るへし而して未た發音に拙き間は後に至たり癖の容易に改たまらんか爲め大聲にて讀まさるを可とす種々の題目に於て書ける散文韻語を問はす諸大家の作を絶へす勉强して讀むにあらされは自國語に於けるか如く外國語を詳に知ること出來へからす外國の文字と其國語の眞意を知るの道は此外にあるへからす東洋學

に通したるサーウヰリヤムジヨーンは國語を知るには限なき澤山の書を讀まさるへからすといへり

近代の國語は何れも其字數大概五萬字あり少くとも此中二萬字は耳目にて認識せさるへからす而して一萬字乃至一萬二千字は何時にても思想を言明するか爲に直に口に出て筆に從ふまてに知らさるへからす而して是唯種々の書を讀むによりて之を得へし但し時として之れあるか如く外國人に道を尋ねられ之を敎ふる位のことなれは固より廣く書を讀むの要なけれは余は如此ことに就て述ふるにあらす既に右の如く多數の文字を記憶するは困難なるの上大概の文字は種々の意味を有するを以て更に一層の困難を增し隨ふて又廣く書を讀むを殊に必要なりとす多くの

書を讀むの外特殊の文體文字の意味の變化を知るによしなし其讀む所廣きに從ふて文字を知ると多く且つ種々の字義を解する者なり殊に特殊の俚語は多く文典なその規則によりて知り得へきにあらす之を知らんには常に外國人と交通なきを以て通俗の書を多く讀むの外なし記憶は反覆するによりて增加す反覆によりて談話の材料を得又作者の精神を知り得へし善良なる作を常に口にすれは日常の間にも自ら容易に口に出つるに至たるへし彼の大演說家の其技に達したるも自家鍛練の方によれるや疑ひなきなり

談話の元素を得るの方便として見れは讀は欠くへからさる者にして自國語の場合に於ても亦然り言語の精密なる

者は獨り書籍によりて得へきのみ善良なる言語優美なる文句は書籍によりて見出すの外なし而して書籍の影響は外國語の場合に於ては殊に然かりとも粗末なる言語を聞き慣れ居らさるを以て其心に留まるや一層深かけれはなり左れは單に會話の目的にて外國語を學ふ者も多くの書を讀まさるへからす況や道理と國語とに通せんには必す多くの書を讀まさるへからす抑も書籍は好奇心を喚起し氣力を盛にする者なり又人は讀書の習慣を得るに隨ふて益す讀書を好む者なり隨ふて終身之を廢する能はさるへし然れとも外國語を話し及ひ外國語にて文を草するとは常に之れなきを以て談話作文の二術は速に之を忘るゝ者なり

夫れ外國語を讀むと廣く開明社會に行なはるゝに至たらは大に彼我の交通を容易にすへし蓋し如此なれは人皆自國語にて書けは廣く外國に通するを以て外交官學者及ひ商人は殊に之か爲に測かるへからさるの利益を得へく最早不十分なる通辨や書記に依賴するを要せさるへし此時に至たるまて外國交際は外國語にて文を草するの困難なるが爲に大に害せられ居るなり夫れ自國語にて書くか如く明了に外國語にて其意を通するを得る者果して幾人かあるへきや況や其人にして種々の國に交通を有せは能く種々の國語にて書くを得へけんや

第三章聞くと

ブリユタークロく研窮實習は話なすに必要なるか如く聞くに必要ならすと思ふは過まりなりと夫れ交通より生をる利益は思想を人に通するよりも之を人より受ける者多きに居る聞くは會話の過半をなす者にして多くの點に於ては話なすよりも大に要用あり聞くと讀むと齊しく天性の一なる事物を知らんと欲するの情を満たす者なり試に思へ吾人にして能く人の言語を解ひすれは一言半句を以て應答し事務を濟ますに足るへし然るに之に反し言語を聞き取るに拙なくんは如何に文字を知り話なすに巧なるも其用をなさゝるへし左れは聞くに達者ならされは話なす能はさるのみならす聞くは別に獨立の利益あり殊に若

し吾人にして初めて外國に行かは萬事奇ならさるはなく其住民に聞くへきと多く又其語を聞くの機會に富むも言ふへきとの甚た少き者なり其國の語を聞き得れは到着せる時より其住民と交際の利益を得るのみならす自分の話し具合を改たむるを得へし蓋し聞きたる所を明に解する時は其聞ける文句か容易に心に留まる者なり然るに之を聞く能はされは衆人の中にあるも孤立の有樣にて或は其無智を知られんとを恐れ交際を絶つとあるへし是を以て外國にあるも一向利益も快樂も得すして數年の日子を費すとあるへしロードベーコン曰く外國に行かんと欲する者にして外國の語を知らすんは宜しく旅立する前に先つ學校に通ふへしと

言語を聞き習ふは交際をなすに最も要用なると共に話なすにも最も善き方便なるに關はらす外國語を研窮する者か之に意を用ゐさるの甚しき驚くに堪へたる者あり多數の人か一術として之を習ふへき者と思はす蓋し此等の人は自國語に於ては天然自然に之を知り絶へて聞くとを習へる覺へなきを以て斯く思ふなるへし然れとも書籍によりて學ふ外國語にありては之と同一視すへきにあらす外國語に於て聞くの困難なるは人の好く知る所なれとも是れ必しも聞くに固有の者にあらす彼の十六ケ月乃至十七ケ月の稚子は讀み書きは勿論話なすとも出來さるも聞くと丈けは達者なるを見て之を知るへし惟ふに聞くの困難なるは今日までの方法の宜しきを得さるに歸す蓋し今日

の方法にては全く耳を使用せしめす或は之を使用するとあるも僅に少しの字句に過きす是を以て目にては容易に認識するを得へき者も耳よては之を認識する能はす會話をなすに至たり始めて耳を用ゐるも吾人にして人の言を聞き得るにあらされは何ろ會話をなすを得んや既に耳を使はさりしを以て聲音を聞くと同時に其意味を解する能はす之を一旦胸中にて譯せさるへからさるも如此とにては到底會話の用にも何も立ち得へきにあらす又從來多くの書を讀まされは益す聞くに困難なり而して前章に述へたる所よ從ひ讀書よ達者になり居らば大に聞く時の助けとなるへし

讀書は獨りにて爲し得へけれとも聞き習ふと發音とを敎

師に就くよあらされは殊に教師か正しき發音を有し居るにあらされは之を得へからす今夫れ稚子にして自國語を惡しく發音するは其側に居る者の罪なり學生にして惡しく外國語を發音するは教師の過なり抑も吾人か自國語を聞き習ひ及ひ之を發音し習ひたる單純自然の方法は以て齊しく外國語研窮に應用すへきなり而して嚴しく之に則りて行かは外國語の意味發音を得ると猶自國語の如く容易なるへし然るに如此なる能はさる者は今日の方法の過まりて此自然の命する所に随はさりしかは適ま疲勞と失望とを以て罰せられたる者といふへし然らは如何にせは可ならんか曰く教師のなき時には讀むに目を用ゐ教師の前にては發音を聞くに耳を用ゐさるへからす耳目は互に

助けをなすを以て偏廢すへからす

教師は學生の既に讀みたる書中より句を撰ひ明了高聲に之を短句に切りて音讀し學生をして原文を見すに之を譯せしむへし而して原文の長短は學生の進歩の度に應して定むへし次に學生をして胸中にて譯するの暇あらしめなから全句を一度に止むとなく徐々と再讀すへし學生は其近頃讀みし者なれは其事柄と文字とは未た記憶に存するを以て更に二度まても教師の音讀するを聞かは既に目に熟知したる文字を耳にて聞き分けるを得へし尤も最初の中は徒に推測にて意を迎へるに過きさるへけれとも久しからすして眞正に之を知るに至たると他の百般の事柄か經驗によりて知らるゝと異なるなし乃ち聲音と文字とを

連合するの習慣を速に得へし何となれは根本たる聲音は其數少なく隨ふて屢は耳に觸れへく且つや自然に出て夫の道理に反し文字よりして發音を推論するか如きにあらされはなり又教師は孤立したる文字を讀むへからす文字の意味及ひ同音異義の文字は獨り句をなすによりて知り得へき者なり然り而して教師の讀み聞かせる文は進歩の最も後くれたる學生の好く讀める書中より撰はゝ進歩の後くれたる學生は重に記憶によりて之を譯する間に他の稍進歩せる者も同しく譯し學力に差違あるも全級の人は同一の利益を得へし音讀をなし學生に之を譯せしむるの方法によりて教師は學生の勉强如何を知り得へし蓋し學生か其下讀みすへき原文を下讀みせさりしならは教師の

音讀するに随ふて之を譯する能はさるへし又教師は學生の下讀みするに方り文字の綴りに適當の注意を用ゐたるや否を知らんと欲すれは音讀の際難文字の所に至たる毎に其綴りを問ひ更に説明と規則とを示めさは其人員は如何に多數なるも全級の者を利すへし而して如此せは夫の時間を費やす割合に利益の少き書取其他綴字上の稽古の必要を省くを得へし然り而して發音の既に耳に慣れ學生か大に困難を感せさるに至りたる後も尚暫く教師は其一度讀み聞かせたる者を再讀し遂には學生の嘗て讀みたるとなき原文を讀み聞かせ又次第に其讀方を速にし學生をして胸中にて譯するの暇なからしめ聲音を聞くと同時に之を解するに至たらしむへし

讀むを聞きて其意味を取るに至たらは通常の談話を聞き取るに困難を感せさるへし蓋し談話に用ゐる文字は書籍上の者よりも平易にして其句も短く又屢は同一のことを反覆するのみならす聲音の調子顔色體容を以てし且つ間隙あれは之を聞くに容易なり加之話しを聞くは一層面白きを以て注意することも一層深かるへし此事の虚ならさる所以は卽席演説か文章に起草せる演説よりも喝采を博するの事實によりて之を知るへきなり

敎師は學生に讀み聞かせる文中より俚語を撰ひ及ひ通常の談話體に變化し學生をして談話の文體に慣れしむへし亦敎師は原文の重なる文字を用ゐて其意味を變化するか爲に其思ひ就くに隨ふて之を變化し得へし又敎師は學生

の進歩するに隨ふて其讀方を速にし其口より出つるに隨ふて學生は之を胸中に操り返そに至たらは最早談話に差閊へさるへし又敎師は同時に次章に述ふる所に從ひ發音節を敎ふへし而して學生の耳を聞くに慣れしめたるに隨ふて發音々節を容易に知らしむるを得へし初めの中に發音の稽古をなすは早に過きたり文字の意味を知りし上にあらされは發音を覺ふる基礎の未たこれなき者なり何ろ實物たる文字の意味を知らすして記號たる文字の發音を研窮するを得んや外國語を研窮するに方り第一着に發音を敎ふるは大なる過りなり發音は少しも文字の意味を知るの助けとならさるなり正格に發音する能はさるも其聞く所を完全に解し得へし幼時に於て吾人か言語を言ひ

能ふ前に既に久しく其言語の意味を知り居たるなり今吾人か外國語を學ふに方りても亦之を發音せんとするの前に先つ言語の意味を知らさるへからす最初に發音と意味とを同時に學ふは心理に支せり心意は知らさる數個の事に同時に注意する能はさる者なり
聞くときに勉強する者は演說を聞くか如く其意味を獨り耳にて知る爲に一切書物を見るへからす若し好く文字を知れる者か敎師の讀み聞かせる間に書物を見れは聞く方は留主になるへし又未た進歩せさる學生か書物を見れは其覩るの遲々たるを見慣れさる文字に會はゝ留まるを以て何れの塲合にても敎師の讀むときは耳に留まらさるへく其意味をは耳によりてよりも寧ろ目によりて得へし又聞く

間に書物を見れは聞く方に注意せさるを以て後日讀書の際に響かさる文字をも發音するに至たるへし是を以て聞く間には耳を迷はすの機會を目に與へさる樣一切書物を見さるを可とす且や聞く所を知らんか爲め目に依賴するの弊は目の毫も用をなさゝる會話の時に至たりて耳をして其働をなす能はさらしめ大なる不都合に會すへし

教師は學生の年齡と學力とに適したる卑近の問題を讀み聞かさは幼稚の時に吾人に自語國を聞き習はしめたる人々と同し役をなす者なり教師の讀方は自然に出てさるへからそ善良なる讀方は卽席演說卽ち談話體に近き者にあり熟練なる教師は其讀方の具合と面白き問題を撰ひて能く學生の注意を喚起すへし又教師は其讀める句を學生に

尋ね又は譯せしめて學生の注意を聞く方に向けしむるを得へし今や學生は教師の讀むを聞く間に之を心中にて繰り返さゝるへからす聲音と意味とを直接に連合するは外國語にて思考するの第二着方なり學生か心中にて其聞ける所を繰り返すに慣れたる上は聲音と其意味とを連合するに難澁せさるへし蓋し聲音か直に其意味を喚起するにあらされは人の言を操り返し其語にて考ふると出來へからされはなり是を以て言語を聞き習ふは棒讀みよりも必要なりとす外國語を能く讀むの人にして之を話なす能はさる所以の者は棒讀みと聞くとによりて言語と意味とを直接に連合するの習慣を養生せさるより多くは起こるなり

聞くとに於て完全に達せるとは如何に速に言ふも容易に之を聞き取るの謂なり而して此完全の點に達せんには學生は教師に其讀方をは或は緩くし或は速にせんとを求めさるへからす若し教師の讀みしとを聞き取る能はさる時は遠慮なく之を尋ぬへし而して教師は其讀み止めし所より更に讀み初むれは質問の爲に意味の連絡を破ふるとなかるへし而して質問の爲に妨けらるゝと少きに至たらは學生の進歩せる兆しなり然れとも學生の未た相當の力のなき時に之に讀み聞かすへからす其質問甚た多けれは題目の關係を破ふり如何ともすへからさるに至たるへし左れは教師たる者適當の時を計かり平易なる書物を撰ひ徐々と之を讀み聞かすへし是れ獨り學生の耳を達者にする

のみならす談話よりも善良なる言語文句を知らしむるを得へし加之教師は別段の智識を有せさるも學生に種々有用なる智識と文體とをも知らしむるを得ん夫れ相當の學力の付かさる時に學生に讀み聞かするの非なると齊しく非なるは學生か未た教師の話なすを解する能はさる時に會話を教ふる是なり是れ勞力時日を費やすに比して其益なし然り而して殊に非難すへきは級を立て多數の人に會話を教ふるにあり何となれは級中の少數の者か會話を專有し多數の者か進歩する能はされはなり而して教師の讀み聞かすは之に反し五十人內外の學生にても一人と齊しく教ふるを得甲乙なく全級の人を利すへし蓋し進歩の後れたる者は意味を解せんとを勉むへし稍進歩せる者は同

時に意味と發音とに注意をへし左れは何れの場合にても書を讀ミ聞らすは談話よりも學生の耳を達者にする者なり財力限りありて級を立てゝ學はさるを得さる者の爲には讀み聞かすの方法は最も利益あり然り而して同一の師に就き同一の事を學ふも同一の進歩をなす能はさるは人の好く知る所なり是れ年齢性質嗜好從來の教育の有無勉强する時間の多少によりて生する差違なれは此不平等に備ふる方法を設くるは必要なり

詩は譯讀すへからさる者なれは教師の之を讀み聞かすにも其音と意味とを直接に連合せしむへし且つ教師の讀むに當り綴りの長短と聲音の高低に注意すれは學生に作詩法を知らしむるに最も可なりとす詩に於ても理論を後に

し實習を先にせさるへからす詩法の規則を講するに先つて音調文字の性質等耳にて聞き分けさるへからす

伊太利亞語西班牙語及ひ獨逸語は發音と文字との間相一致せるを以て之を聞き習ふに大に容易なれとも英語は發音と文字の綴りとは全く一致せす且つ之を話なすの速かなると文字を畧そるとによりて恐らくは外國人にありては學ふに最も困難なる國語ならん或は佛語は英語よりも速に發音すると思ふ者あれとも是れ大なる過まりなりヴオルテヤは鋭くも英人は日々の談話に於て佛人よりも二時間つゝの得をなすことを視察せり是れ英人は佛人よりも大に速に言語を使ふをいふなり而して此差違は英佛二國語の間の發音の異なるより起こるなり抑も發音は母音子

音よりなり母音は長く響き子音は短く響く者なり母音の後に子音を置かは概して母音を急ならしむ例へはMe,we,no,はmet, wet, not, となるの類なり而して英語は子音に富み且つ通例子音にて語尾の終るを以て發音自ら急ならさるを得す佛語は之に反し子音少なく且つ屡は響かさるを以て文字の上にては子音にて終はるも讀むには母音にて終はり子音にて終はる響きは極めて稀れなり是を以て發音の緩なるは必至の結果なり然れともヴォルテヤは佛人なれは人或は其英語に關する說を以て重を置くに足らすとせん然らは余は英人の說を揭くへし節を付けられたる綴りの後の各の綴りは啻に響の短くなるのみならす殆と發音せられさる程急速なるは英語の聲音なり(ロードモンボード）概して發音を縮めるは英語の傾向にしてラチンより來されし語の響きまでも急速ならしめたり（ヒユブレーヤ）多くの綴りより爲れる文字にも關はらす耳に聞き苦しきまても之を詰めるは世の嗜なり（ロードケームス）蠻人の耳にも障るまでも嚙み付くか如く急速なる響に英語をなしたるは悲しまさるへからそ（ジヨンウオルカー）英人の正當なる談話は概ね最も非常なる畧語なり速記法の一種を以て話すといふへし（バルウアリートン）

如何に發音の不規則なるも叉急速なるも之を知るは學生の務なり而して實地の硏窮は能く之れを知るを得へし敎師か學生に外國語を聞き習はしむるは母か其稚子に自國語を聞き習はしむるよりも大に容易なり蓋し學生は其智

力既に成熟したれは言語を悟ると固より稚子より速かなり母か其子に言語を聞き習はしむるは面倒を顧みす所謂動作の言語即ち顔色體容の働にて之を知らしむるにあり教師か外國語を學生に聞き習はしむるは對譯と學生の下讀みとによれは苟も教師にして母の其子に於けるか如き面倒を取らは大に少しの時日にて同一の結果を得へし而して既に其知得せる所を忘れさる爲には常に之を用ゐるを必要なり國語を忘れさるは之を知れる完全の度に達したるの如何よりも久しく之を用ゐたるの如何による者なり彼の兒童を外國に伴れ行かは最も疾く自國語を忘れるは之か爲めなり
既に學生か外國語を聞き習へる後教師は常に外國語を用

ゐ話なす方に導くへし如此して意味を外國語にて直接に聞き習ふに至たらは意味と發音とを直接に連合するの習慣日々に固まり自然と外國語は口に出つるに至たる殊に談話に要用なる言語の節は其國民に特別なる聲音より起まる者なれは此節を知るは外國教師より反覆之を聞くによる而して其之を聞くと久しけれは久しき程口舌も自然と之を發するに適するに至たる

余の曩に述へたる所に從ふて外國語を讀むとに達したる者は時々一度に半時間つゝ外國語を讀ましめ之を聽かは六周間乃至多くも二ヶ月の日子を費やさは外國語を聞き習ふを得へし若し又其讀み習へる語を話なす外國に行かは殊に容易に之を聞き習ふへし讀むと聞くとの二事は尤

も賤しき者も之を知り得へし何となれは讀むとを獨學にて之を知り得へく聞き習ふは人によらさるへからさるも僅々の日子にて之を知り得へけれはなり自然の教ふる所道理の命する所に從かへは讀み習ひ聞き習ふの易きと此の如し左れは六ケ月にて佛語を佛人と齊しく讀み又は聞くとを得へけれとも數年の歳月を費やすも未た佛人の如く話す能はさるなり故に開明國に於て年少の人々は殊に外國語を讀むと聞くとに注意すると最も望ましきなり若し此二事にして洽く行はるゝに至たらは難澁なる外國語にて話し或は文を書くを要せすして外國交際を全ふするに至たるへし蓋し種々の國民は各自國語にて話し或は書かは互に其意を知り合ふに至たらは外國語を用ゐるより

も容易便利にして各の點に於て大に利益あり能く此の如くなるに至たらは社會の關係國家の交通頻繁を增し要用を加へ技藝學術を進め彼我の僻見を破ふり文化を翼贊すへし學者は要用なる智識發明を知らすか爲に隣國に趣かは聽衆四邊に集まるへく其道德上智力上社會上に利益ある果して幾何ろや夫れ交通の方便の要用なる今日より甚しきはなし其支配者を惡む者は其好む制度の下に行かんとし當世の氣運は萬國を通して一家となさんとするにあり政治上に商業上に連合の精神充滿せし種々の連合起てり孤立者は屈し發明を秘せすして之を公にし天下を利せんとす交通の氣運や盛なりといふへし爭てか其方便を求めすして可ならんや

第四章　話なすと

茲には實習は規則に優さり實例は敎訓より益あり（バフオン）

抑も語學の今日の有様にては讀むと聞くとの二事は洽く行なはれさるを以て外國人と交通を有する者は外國語を話なすと極めて重要なり而して外國語か智力を開發するは外國語か其思想を現はす直接の機關となれる後にあり思想交換は眞に開明進歩の元素にして種々の者か交際をなさは智識感情經驗を增し互に利する所多かるへし讀書は以て心を富まし談話は之を幽美活潤ならしむ左れは其敬そる所の人と談話し或は人を說得するに當りてや心意活潑に氣力增進し閒靜孤獨の時にありて心ュ浮かはさる考の往々出つる者なり要するに談話は甚た要用なる者なれは之を等閒に付するは智と謂ふへからそ讀むと聞くとによりて模範を知り話なすと文を書くとに於ては之を

摸擬を蓄し譯せすして言語文字より直接に思想を知るの習慣は隨意に其思想を現はすの基礎なり左れは讀むと聞くとは話なすの元素なり然れとも完全に讀むと聞くとに達するを待たす話なすことの稽古に掛るへし此目的にて學生は教師の發音と善良なる著者の句とを摸擬せさるへからす然り而して發音に關して教師の務めは學生の誤謬を正すよりも寧ろ學生をして誤謬に陷らしめさる樣豫防するにあり蓋し豫防は匡正するに優されり左れは一般の規則として學生か其數回聞きたる文字にあらされは決して之を發言すへからす口舌は其未た一回も發音を試みさる間は善良なる發音を得るに容易なれとも惡しき癖は一度付かは之を改たむるは容易のことにあらす若し吾人にして吾か幼時になせるか如く自然の法に隨ひ學生か教師の發音を眞似する前に久しく教師の發音を聞かは惡しき發音に陷るの危險なかるへ

し而して前章に述へたる所に隨ひ耳を慣らさは發音の機關は好都合なる有様にあるへし發音の働きは耳によりて支配さるゝ者なれは能く聞き分けるを得る語にして之を口に云ふへからさるはなし通常發音を教ふる爲め書籍を用ゐれとも即ち文字の綴りより發音を推測せしむれとも是れ大に過まれり第一に發音は專ら人の眞似するによりて之を知る者なるに文字の綴りによりて發音を推測せしむるは此摸擬力を用ゐしめさるなり第二に文字は聲音を代表せる者なるに實物を知らすして其記號を習ひ得へしといふヿを含めはなり況や同一の文字と雖も字義の異なるによりて其發音を異にするヿ多きをや例へは英語にては Bow, の發音は弓といふ時にはボオといひ屈けるといふ時にはボウといひ Read, の發音も讀むといふ時にはリードなれとも讀みしといふ時にはレドとなり Minute も何分といふ時間の時にはミニイトなれとも細密なるといふ時にはマイニユートとなり其他同一の文字にても意味の用ひ具合によりて其發音を異にする者多し而して是れ獨り英語のみならす他の國語に於ても一樣の事なり尤も英語は殊に多しとす夫れ方便は目的に一致せさるへからさる理なれは高聲にて音讀するは會話の時に起こる者に反せり蓋し話なすゝは言はんと欲するの思想先つ起こりて言語を喚起し聲音は文字の綴りを思ひ付かしめ讀書は之に反し言語は思想を喚起し文字は其聲音を知らしむ而して高聲に讀むは徒に初學者を誤まらすの源たり讀むとにては話なす好習慣を得へからす此習慣は唯前章に述へたる所により聞くによりて得へきのみ左れは高聲に讀むは發音の進步せるや否を知るの役目にして發音を習ふの方便にあらさるなり

前章に述へたる如く教師か二回讀み聞かし善良なる發音に學生の耳

を慣らせたれは今更に二回同一の句を讀み聞かし發音の實習に掛からしむへし但し第一回には徐々と三四字つゝ讀み學生は書籍を見すに教師の讀むに從ふて之を讀むへし而して聲音節奏文字の連續のみならす外國人に格段なる音調をも眞似すへし而して之を眞似するには其自國語を知りし時と齊しく文字の綴りに拘はるへからす若し學生か教師の眞似をする能はされは再ひ之を聞くを要する證據なり故に學生の誤まる毎に再ひ之を讀み聞かし明に耳に入らしむへし而して其第二回には教育ある人の談話體に齊しく高低節奏を付し正當なる發音の實例を示めすへし既ニ學生の耳は達者になり居り且つ同一の句を四回まても聞きたれは發音と其意味とを心中に連合するに困難なかるへし然り而して右の如く摸擬の手段によりて學生か外國語の總て根本の聲音に通したる上は其注意を聲音の代表なる文字の上

に向くへし又其熟知せる發音を文字に付するは容易にして且つ面白きとなるへし而して學生は既に教師より四回聞ける句を時々讀み得へく其之を讀むに方りては其意味の上に注意すへし是れ聲音は自然に出て事柄と相一致せんか爲めなり全體談話に於ても讀書に於ても心を用ゆるとなく自然に出つるまて習慣の固あるにあらされは發音は知れさる者なり四回教師の讀む中第一回は意味を知らしめんか爲にし第三回は發音を知をしめんか爲にする者なれは久しき時の間之をなすの必要なけれとも發音の良習慣を得せしめんか爲に間を置かさるへし而して學生の進歩に隨ふて讀み方を速にし一時に稍長く讀むへし讀むと聞くとによりて正格なる印象を腦中に銘せは之に反したる不正の者を見聞する毎に直に之を認め得へし此智識は實驗確信にして談話作文の最良の案内者なり

時としては早く發音の稽古を初めるは或は望ましきとあり得へし固より自然の命する所に反するは勸むへきにあらされとも之を爲さんと欲すれは爲して可なり但し其如何なる時に發音の稽古を初むるに關はらす既に其意味を知り且つ屢は之を耳にしたる言語にあらされは發音の稽古を爲さゝると必要なり然り而して文字の綴りか信實に發音を代表したる國語にありては文字によりて發音を知り發音によりて文字を知り得へきを以て讀むと聞くとは互に助をなすのみあらす少しの文字の發音を知らは之より類推して總ての文字の發音をも知り得へく又高聲にて音讀するは發音を習ふの方便として大概の國語に於ては宜しからさる者なれは全く發音を知り得たる後まて見合すへし善良なる發音は散文及ひ韻語中の名句を暗記するによりて之を得へし蓋し之を暗記し居らは何れの時にても所にても與に觸れ事

に感するに隨ふて之を口にするを得へきを以て自然の發音を得るの方便たり既に學生か發音を能くそるに至りたる時卽ち發音か其習慣となりたる時敎師は外國語の句の發音を眞似せしむへし而して字の發音を熟知し之に意の引けさる時は句の發音具合は容易に知り得へし

抑も他の百般の技術に於て人を秀拔に導く所以の者は齊しく話なすと作文とに於ても秀拔に導く者ならさるへからす然り而して摸擬と實習とは獨り能く總ての技術に於て良結果を生せしむる者なり左れは談話を習ふに文典より初むるの非なるとは兒童に畫を敎ふるに當り最初に光線の論色の理を以てすると齊しきなり談話といひ畫事といひ共に實例に根據し實習によりて進歩する者なり實習のみにても歸納によりて文法上の智識を得へし然れとも文法其物は甞て實際

に導く能はす

既に述へたるか如く第二種の文字即ち接續詞、前置詞、冠詞助詞を知り居らは書を解するの助けとして有要なれは亦其思想を言ひ現はすにも齊しく有要なり此等の言語の運用によりて限りなく文句を變化するを得るか故に教師は此等の言語を學生に知らしむへく亦學生は之を記憶すへし又働詞を豫め知るは話なすとの第一着に於て要用なり開明の國語に於ては働詞に法あり時あり人稱あり數あり及ひ曲折變化ありて言語中最も肝要なる部分なり而して或る國語にありては獨り實地によりて働詞の運用變化を知らんと欲すれは甚た永き日月を要すへし故に之を知る爲に之を研究の目的として學ふは要用なり然れとも之を知るには夫の寧ろ定義規則より爲れる文典を研究するの謂にあらさるなり夫れ働詞の言語ヿ於て要用なるは之れなかりせは然かりとし然からすとし或は疑問をなすによしなし左れは一句として動詞のなきはなけれは好く一動詞を知りし時より話なすを得へく之を種々に應用するを得へし既に動詞の運用變化は多きを以て之を他の言葉に加へは限りなきとを言ひ現はし得へし而して之を種々に變化するに就て言語に達者になるへし然れとも單獨の動詞は唯漠然たる意味を現はすに過きされは其意味を判然たらしむる爲に句をなすを要す學生は初には教師に助けられて動詞を變化し次に自ら之をなすへし句をなせる動詞を變化するは一方にては意味の漠然として面白からさ又話なすとの助けとならさる弊を救ひ他方にては會話の材料を記憶するの利益あり左れは今日に於て最も熟練なる教師は右余の述へたる方法によりて教へ居れり學生は同一の動詞を以て種々の句を組立てる外に教師の讀み聞かせる句中より撰へる手本を種々

樣〻に組み變ゆへし是れ更に其利益大なり是れ學生を其知れる者より知らさる者に導き又其句を解割し摸擬によりて再ひ組み立てしむるを以てなり而して教師は文法上のと就中二國の語に於て差違ある點を説明すへし學生か躊躇する時は之を助けて手本の句を記憶に喚起し或は文法の規則を示めし亦は之か爲に文章の一部或は全部を組み立つへし適當なる補助を與ふれは一定の時間に多くの文を組立つへく作文法を熟知すへく屢は教師の發音を聞くよりして適當の發音を知るへし然り而して教師は學生の語にて句を作くり之を外國語に譯せしむへし然れとも新奇なる言語を多く用ゐしむるは既に學生の知り居る者を反覆用ゐしむるの利益多きに若かす夫れ思想の交換に最も要用なるは多くの事物の名を知るよりも之を可否し問答するに達者なるにあり殊に臨機應變に之を用ゐ其自在なると自國語の如く

なるを要す試に見よ兒童の知れる言語は其數極めて限きりあるも之を用ゐるの容易にして且つ流暢なるとを學生の判斷力發明才を喚起し苟も其知り得たる者を應用せしむるは敎師の務めなり其知れる所半はなるも之を應用そるに倍の力ある者は其知れる所之に倍するも之を應用する力の半はなる者に優されり

模範とする句は初めには甚た單純ならさるへからす然れとも學生の注意をして專ら言語の組立の上に向けしめんか爲に學生の知れる文字の種類なるを要す而して敎師は文字を種々に變化し或は文句を交も是體とし非體とし疑問體とし且つ學生の進歩に隨ふて句の中に副詞、接續詞及ひ其他の種類をも加ふへし敎師は常に學生の進歩に伴ひ其要する說明を與ふを得へし然れとも新なる文字を用ゐる時は其應用を知らしめ且つ記憶に存せしめむか爲に明に之を說くへし此實地

の作文法は大に利益多き者なり

敎師か問を發する前に先つ其之に答ふへき學生を指名すへからす如此せは各自分に尋ねられんことを期するより一層注意して聽き隨ふて其心力を喚起し一般の利益たるへし而して尙一層學生の注意を模範の句に用ゐしめんか爲に敎師は之を黑板に書き全級の者か好く之を了解せる後之に眞似して一樣なる句を作くらしめ應用の間に規則を知らしむへし然れとも之に先つて復譯卽ち先つ敎師は句を讀み聞かし之を學生に其自國語に譯せしめ之によりて更に外國語に復せしむへし而して其既に之に達者になりし後は其模範の句を種々樣々に變化し又に類似の者之を作くるへし是れ大に利益あり

模範の句を豫め知れるを以て右の稽古は意味を記號に先んし句を字に先んすへしといへる大原則に一致せり判斷力は文字の上に向けら

るゝの間に同一の句か種々に變化し屢は目に觸れるを以て自然と之を記憶に存すへしジヤスト及ひ其他氏の後に出てたる有名なる教師は右の方法にて教へたれとも多くは之を應用そるの範圍狹隘なりし余は其應用を廣くせんと欲するなり類推して句を作くるは判斷力によりて行ふ模擬なり既に働詞の變化發音を知りし後は口の上にて文句を組み立てるとは何れの時にても之に掛るを得へし而して暫時の間規則正しく之を實行せは大に正密流暢になり自然と外國語か口に出て又外國語にて考ふるの才能を得へし話なすとに於て之を譯するの不便なるは讀むと聞くとの場合と同し二國の語の間には相一致せる譯なく且や談話の間に心中にて譯する時間あるへきにあらす思想は直接に出つるにあらされは眞正の會話なきなり而して棒讀み棒聞きによりて思想と言語とを直接に連合するに至たれは心中に譯せす

して話なすこと大に容易なり
如何なる書籍と雖も談話の手本とならさるはなく外國語に特別なる點を知るに最も便利なる者にして之によりて類推せは最も單純なる者より最も複雜なる者に達すへし卽ち其利益の多き決して會話篇を暗記するの類にあらす何となれは記憶する者は限りあり自家の判斷力にて類推するには限りなけれはなり今日會話を學ふに會話篇を用ゐるとなれとも言語の力を如此者に限きるへけんや世間には善良なる著作少なからす之によりて應用の力を養ふへきなり且や會話篇の如き者を器械的に暗記するは種々の事柄に關して應用の力を失はしむるの習慣をなす然れとも徒に之を暗記せす之に拘泥することなく之を種々に變化し其思想を言ひ現はすに於ては會話の倔强なる助けとなるへし蓋し會話篇の句を習ふは記憶力を働かし自分か句を組み立

てるは判斷力を用ふ初の場合には唯書籍の句を暗記し之を操り返へすにあり後の場合には句を組み立てる規則を知りて自ら話すにあり卽ち會話篇を暗記するは二國語の間の差違に關はらされとも自ら句を作くれは自然と彼我の間の差違を考へさるを得さらしむ模範の句を解割し更に同種類の句を組み立てるは全部より部分に及ふ者にして之によりて言語の眞意變化關係を知るへし然れとも善良なる會話篇は日常の間に使用そる言語を集めたるを以て別に之を求むれは爲に失ふ時日を省くの利益あり之を變化應用すれは其進歩を助くへし通常の才能を備へたる熱心なる學生か教師の助を要する部分は聞き習ふと發音とにあり其他のとは隨分自分にて爲し得へし類推は吾人をして思想を現はそに適せしむる者にして吾人の言語に熟達する一ヨ之による習慣の疑はしき時は類推によりて之を決す類推をなすは

判斷の初めにして誰れにも最も出來易き推理の種類なり一生の間吾人は讀みたり聞きたる者より類推して新なる文句を作くるなり左れは類推は文句を組み立てる稽古の精神にして勉強して之を爲すの人は好く話なすの習慣を得へし吾人か自國語を知れるにも之によれるにて甚た必要なる者なるに語學を敎ふる者か一般に之を忽諸に付するを見る國語の性質を知る爲に文典を學ふは天然に反し道理に悖れり何となれは既に示めしたるか如く規則を實例に先んし理論を實習に先んするを以てなり學生の須らく研究すへきは事實其物にありて事實より導かれたる規則にあらさるなり今外國語を知るには最良の演說家及ひ記者に倣ふへきなり若し吾人にして文法家は法を課せす唯好く話し善く文を草する人の通常の習慣は斯くの範圍內に限きるといふに過きさるを思はゝ此習慣を得るに最も容易にして速かなる

道は教育ある人の社會に行くと善良なる著者の作を研究するにあるや明なり吾人は如此にして文法家其人の爲せる如く正格なる言語文章の習慣を得へきなり語の正否を知るは習慣にあれと習慣は國語を知るの案内者なり外國語を話なし或は文を草するに於ても自國語に於けるか如く發音、綴り、性、曲折、文法上の一致及ひ文字の順序正否を吾人の自覺に訴へさるへからす而して此自覺なる者は規則の集合よりも寧ろ實地より得たる印象の結果なり通常の談話の速かなる文法上の規則なるを考ふるの暇あるへきにあらす言語は推理の助けを待たす類推と思想の直接の結果として自然と正當なる順序に流出せさるへからす會話の時に當り組立或は發音の規則の如何を考ふるの時なきなり全体何の藝術にても其元素元則の如何に關せすして應用するを得るの時に至たりて始めて之を好く知り得へき者なり然れとも外國語の文法の整然たる智識を得んと欲する者は其十分進歩せる時に及ひて文法上の規則を研究し實例を取りて其規則を種々に應用せさるへからす眞誠に文法を知るには其規則を學ふにあらすして之を應用するによる應用するは徒に暗記するよりも何れの點に於ても大に面白くして且つ利益ある判斷力使用方にして暗記そるに比せは優さるを萬くなり如此すれは國語の法則は自然と心に入るへし國語の能く解せるまては何にも腹に入らさる者にして而して文を解する最良法は應用にあるなり働詞の働き名詞の變化俚語と雖も一に應用によりて知るへきなり反覆それは必す腦裡に深く銘する者なれは話なすの力は忍耐して實習するより得たる習慣よりなる而して教師は常に十分の時間を歸する能はさるを以て教師は學生に教課の間に於て種々に運用そへき句を與へ又學生は自ら書籍中より之を撰

ふを得へし而して學生か自ら句を作くるは外國語を話なその力を得るに最も適したる者なり然とも之をなすに方り外國語に譯せんか爲に先つ自國語にて組立てるとは注意して避けさるへからす唯直に外國語にて思想を現はすへし卽ち外國語にて考ふへし譯せすして書を解し語を聞き得る者には之を難す爲きにあらす思想れ直接に其國語に包まるゝにあらされは連續したる事柄に於て談話の出來へきにあらす之を譯するに心の引ける如くんは思想の交換を妨たくると聞くに於ても話なすに於ても一樣なり譯すれは談話に必要なる聲音の高低顏色の變化等總て感情を表示する能はさるなり尙一層惱に外國語を思想交換の具となさんには自問自答をなし身近なる句を連合すると猶幼女か其人偶に於けるか如くなるへし此獨語に於ては心中に浮ふ最も熟知したる事柄か口に出つるを以て發音口調自然の叶ふへし

之を書きて稽古するとは同時になすへき者なれとも若し耳と口舌が未た十分に發音に慣れされは口の上の稽古よりも書く方を先にすへし何れの場合に於ても言ふと書くの稽古は互に助けをなす者なり而して一旦國語を知りたる者は話なすと書くと讀むとによりて之を忘れさるを得るのみならす其智識を大に增加すへし習慣となすは決して之を忘れさるの方便なり

通常社會の關係に於ては思想の交換は重に短き句少しの言語にて事足るへしと雖も時としては長く其思想を述へ事柄を話なさゝるへからさるとあれは心中に譯するとなく長き句に移つり物語歷史上の事實等を話なすへし一日に十分間話なすとの出來る者なれは次には十五分間繼けるを得へく如此にして漸次熟達すへし學生は談話の事柄を書中より取るへきも徒に暗記して之を話なすへからす暗記して述

ふると話なすとは自ら別物なり左れは學生は本の順序に關はらす自分の談話として之を話なすへし既に進歩せる後は之をなす敢て難きにあらす而して文句の如何よりも己の思想に注意し著者の句を談話中に入れるも能く之を消化して自家の思想を現はす樣ょせさるへからす又一級中總ての學生は同一の題に就き各其一部つゝ話なすを得へし而して學生は之をなすに足るまて進歩し居るも尙躊躇するならは宜しく敎師の好く知り居る題目を撰ふへし然らは敎師は學生を助け其記憶を喚起すへし卽ち敎師は外國語にて物語中の人物及事柄を敎ふへし進歩せる級にありては一層進歩せる學生を入れは利そると多し又外國語にての物語は通常の談話を習ふの最良の豫備にして知識を發達するにも齊しく要用なり蓋し著者の語並に人物事柄景色に注意するより判斷力記憶力を共に用ゐるか爲めなり又自信の心と注

意とを喚起す加之如此にして發音を得るは文字の上より得たる者よりも自然に心に入るへし

話し習はんと欲す者は多く話なさゝるへからすとは人の一般に云ふ所なれとも是れ未た盡くせりといふへからす讀みたる者或は聞きたる者を眞似るは自ら話なすよりも談話に進歩する者なり自分の思をとを述ふるのみにては別に一語を覺へす一の思想を得さるへし學生の耳を達者にするの方便として談話をなそよりも之に讀み聞かすの優さる所以は既に示めせる所なるか話し習ふの方便としては物語を述ふるは對話するに優されり物語は談話の摸範長き話しの手本として之を眞似するに容易なり且つ物語りを述へしむるは他の利益あり乃ち教師は會話の題を供し又は學生の問に答ふるを要せさるを以て專ら其注意を學生の話し具合の如何に用ゐ其誤謬を正すを得へし然

れとも對話の時には全く之と異にして敎師は其逃へんと欲すると或は其答へんと欲するとに心を奪はれ學生の誤謬を見過こそとあり隨ふて學生に惡しき習慣を生せしむへし且や十分容易に正格に話すを得るにあらされは對語の出來へき者にあらす學生は如何なる語句を用ふへきやと躊躇し敎師は學生の發音或は句の組立の誤謬を正す爲に屢は妨けらるゝとありては敎師學生を共に倦ましむへし加之敎師と學生の間に如何なる對話のあるへきや唯敎師は述へて學生は之を聞くへきなり

日常の談話極りの文句に就ては多くの言語を覺へるを要せす多くの會話の力あるを要せす唯解し得へき發音と最も通常の句を知り居らは十分なり此種の談話は無學は有識より馬鹿は賢者よりも多く話す者にして兒童と家婢の饒舌は世間の諺となり居れり此種の談話を知

る爲に學生は敎師の用ゐる文字を質問し又は敎師の問に答ふれは之を覺ふるに困難あかるへし稍高尙なる目的を以て且つ稍進步せる時に於て敎師は學生と會話せるに方り適當の事柄を得さる時は其四邊にあるものを話柄とすへし熟練なる敎師は常に物の形狀色澤大小性質由來價値製法原質等を問ひ之れより種々の支派に移つり隨ふて種々の言語を知らしめ其思想を弘めしむ
敎師を學生の家族の朋友とせは學生か學ひ得たる者を社會に於て應用するの機會を開くへし抑も親密なる談話は交際及ひ私の敎授によりてのみ行なはれる者にして大なる級を立てゝ爲す敎授にては殆と出來かたき者なり級を組みてなす稽古は物語によらさるへからす而して學生は進步し誤謬をなそと少きに至たらは進んて談話をなさんとすへし自信の心は何れの技術に於ても進步の礎礎にして此時より

學生か容易に外國語を用ふるか故に敎育ある者との交通により或は大家の書によりて利する所多かるへし然れとも通常の事情に於て外國語の總ての俚語微妙の所を得んとは期すへからす雄辨は自國語に於ても難き所なり況や外國語ニ於ては殊に稀なる所なり

余の述へたる如く學生か語を聞き習ひ發音句の作り方物語を知るに至たるまては敎師學生は共に勉めさるへからす又一問題に久しく心を用ゐるは倦むの種なれは之を變化するは必要なり學生は相當の年齢にして棒讀みの習慣を得たる時は倦むと少く且つ敎師は學生を助け十分の利益を得せしむるを得るは獨り此時にあり敎師の長所は勉强の意志を起さしめ其事の必要を感せしむるにあり敎師か一旦學生を正路に置かは其後の進歩の如何は學生の勉强の如何によるへし敎師の爲し能ふ最大の事は學生をして敎師に依賴せす獨立せしむるに

あり

或は其語學の才なきを嘆し屢々之を以て其氣力耐忍の足らさる口實となす者あり然れとも亦其研究をへき方法を知らさるによる抑も人類は交際的の動物にして隨ふて此運命を全ふすへき方便を賦與されたり左れは何れの國語よても心に解すへからさるはなく口に言ふへからさるはなし唯要する所は之を知らんとするの意志と知るの法方とにあるのみ

第五章　作文

通例は話なすとよりも文を草する場合少き者にして外國語にて文を草するの必要は殆と通信の目的に限きれり而して外國語を知りたる者にして外國よ通信を有する者甚た稀れなり外交官商人を除くの外百人中一二に過きさるへし且や其一二の人も明了に其思想を現はす

能はさるか或は誤謬をなさんとの畏れよりして容易に外國語にて文を草せさるへし如此外國文を草するは最後の目的として實用の限きれるに關はらす國語の完全なる智識骨髓を知るには大なる助けとなるなり外國語にて文を草する稽古は人をして教師の助けを待たす之を知るを得せしむへし乃ち善良なる記者を摸擬するにあり

夫の話なすとに就て述べたる所は移して以て作文に應用すへし文を草せんと欲する者は先つ之を自國語にて現はすへからす自國語によらす最も單純なる者より次第に最も最も複雜なる者に進まは譯を待たす直接に外國語にて考ふるを得へし讀むと聞くと話なすとに達者になれは隨ふて作文に達者なる者とす是れ自然の順序なるに關はらす屢は之を轉例する者あり先つ多くの書を讀まそして文を草せんと欲するは猶種子を蒔かすして刈らんと欲し習はすして知らんと欲す

ると一般なり初めより規則によりて文を草せしめんとするは全く器械的のことにして何の得る所なきに終るへし吾人は夫の讀書を知らさる兒童に作文を教へんとするの愚に倣ふへからす況や未た一向其應用を知らさる外國語の作文に於てをや

摸擬は作文に於て進步の基礎なるを以て最初に於ては文典に依頼すへからす宜しく善良なる著者を其摸範とすへし其書は能く實例中に規則を示めし文字の綴り及ひ眞正の字義を現はし又文體を知らしめ加之夫の屢は字義を過まらしむる字典の用を省くへし古來俊拔の作者が文を習へるは先輩の作を硏究せるによる而して此等の俊傑は其書中に於て其經驗を述へ熱心後進の之に倣はんことを説けりロンギナス曰くプラトーは吾人に敎ふるに文體の完全に達する最も慥かなる手段は有名なる著者を眞似るにありといへり而してロンギナスはブ

ラトーと同説の人なりダレムバート曰く如何なる規則は名家の作を研究するに優さるを得へきやとヴォルテヤ曰く善良なる著作を讀むは文典を研究するよりも純粋正格の文を單するに要用なり又善良なる著作を讀めは巧に談話するの習慣を得とルウソー亦曰く余は善く文を屬するの方は傑作を研究するにありといふの外他の規則を與へす其聲を聞き其書を讀まは之に化せらるゝは自然の法なりとデモスゼニスは其文體を改良せんか爲に八回サシダイズのヒレニシアンウオアを書き換へロードクラレンドンは其歴史を書くに方り常にリヴイ及ひタシタスの書を研究しモンテスキユは亦タシタスを摸範とせりベンジヤミンフランクリンは博士ジヨンソンの説を採用しアヂソンのスペクテートルを其摸範とせりバイロンはポープを研究しポリユーは自らホレースの摸擬者なりと揚言しダンテはヴアジルを摸範

とし曰く汝は余の師なり亦摸範なり余の名譽をなしたる傑作を獨り汝より之を得たるのみと

外國文を摸擬する最良の法は復文にあり卽ち先つ外國文を自國語に譯し次に之を原文に復するにあり前章にて述へたる復譯は切れ〳〵の思想を現はすの道を知るに過きされとも復文は長き事柄を書き得るに至たるへし且や同時に自國文と外國文を書き習ふの稽古たり之を原文に較へて其誤りを正し得へきを以て原文の撰譯其宜きを得は最も安全なる方法なり

復文は新奇のとにあらす既に「シセロ」「クインチエリヤン」其他之を以て外國語を話し外國文を草するの良方便なりとせる者少なからそエリザベス女王の侍講ロージヤーアスチムの云ふ所によれはエリザベス女王のラテン語に達者なりしは重に復文の方便を用ゐたるによる歷

史家ギボン曰く余のラテン及ひ佛語に達し英文ヽ秀てたるは復文によりて之を得たるなりと復文の主義を一般に古文學の教授に於て認めらるれとも復文の利益は獨りラテンギリシヤの古文學及ひ今代の歐洲の語に限きるヽあらすサーウヰリヤムジヨン曰く復文にて十ヶ月間に習ひ得へきアラビヤ及ひペルシヤ語を他の方法にて學へは十年以上の日子を要すと夫れ困難は常に學生の進步に伴はさるへからす如何なる稽古も人をして沮喪せしむるか如く困難なるへからす或は更に盡力を要せさるか如く容易なるへからす而して復文は恐らくは此兩極端を省くの最良方なり亦復文は隨意に困難ヽなし得へく容易になし得へき利益あり是を以て公の教育に於て輙もすれは起こる一級中に學力の不平等あるも齊しく其學力ヽ應して復文を課するを得へし

模範とすへき文の撰擇は殊に近代の國語にありては常に學生の才能進歩又は要用に適せしむるを得へし初めの間は出來るたけ直譯体ヨ譯し原文の明に心に存する間に少しつゝ原文ヨ復すへし又原文に復す前に原文を讀ますは之を原文に復するに容易なるへし又學生は何れの時にても其記憶より去りたる文字或は句の組立を慥かめる爲に原文を見るを得へし蓋し止を得さる時に原文を見るは字典を用ゐるよりも多くの點に於て優されりとす而して其進歩するに隨ひ益す國語の智識に依賴し原文の記憶に依賴するを少なかるへし且つ其譯も益す直譯体を離れ次第に譯すると復するとの間隙を長くし記憶と考察の範圍を大ならしむへし然り而して復文の稽古中にも讀むと聞くと話なすとを廢せすんは復文をなすに益き容易なるへし復文をなすに方り自國語に譯するには原文と違へす且つ同時に自國語にも叶へる

様にし決して原文を増減すへからす譯者の職は自家の文を作くるにあらすして原文の意を寫つすにあれはなり屢は譯書をなすには其著者をして譯せらるゝ國語にて書かしめは如此なりしならんと思はるゝか如き文體に書くへしと思はるゝとにして此く思ふは道理あれとも注意せさるへからさる者あり何となれは嚴しく此通りになさは原文の意を明にするよりも寧ろ徒に眞似するに陥て文章澁滯思想不明に失すれはなり

學生の爲せる譯文を改刪するは公の敎授に於ては作文を改刪するよりも利益多し蓋し其同時に全級の人を利し又時間を費やすと少なけれはなり學生は各其譯文と筆とを持ち居れと敎師の批評したる譯文を輪番に少しつゝ讀ましめは他の學生は讀者と同一の誤りを知るへし作文は之に反し一々之を別に調へさるへからす一人の文を改刪す

る間に他の者は遊はさゝるへからす一定の時間内に多く改删し盡さと難し譯文は同一の事を譯するを以て面白き競爭なるへし亦同一の思想を譯するに種々異なり居るを教師の批評するを聞くは利益多かるへし若譯文の改删を請ふへき人を有せさる者にして其譯の正否を知らんと欲せは自分の譯を原文の善良なる譯書と比較そるを得へし若し又原文を譯そるの暇なきか其他の理由よりして自から譯そるの勞を省かんと欲する者は如此譯書を原文に復そるを得へし此方はギゾー氏の可とする所に係る氏曰く善良なる著作を自國語又は其知れる他の國語に譯したる譯文を取り之を著者の原文に復し原文と比較すへし然らは文字作文法を知るへく又國語の精神を得へしと原文に復するは原文を譯するよりも困難なれは絶へす原文の記憶に訴ふるとなくして之を爲す能はそ既に如此心を苦めるを以て原文の文字と

組立とは能く記臆に存すへし而して原文の俚語的なるに隨て之を復文をるは益す困難なれは其記憶に存をるや益す深かるへし又原文を側ゟ置かは學生は自ら復文をなさすして徒に原文を寫つすへしとの異論をなすなかれ既に此學問の時期に至たり大なる誤謬をなさゝるの時に達したれは如此憂恐くは之あるへからす然れとも或は稀には少年の者か之をなすとなきにあらされは如此塲合には教師の目前にて復文を爲さしめるを得へく又原文を持たしめさるを得へし

便利の爲に復文を譯文の反對の紙面に書くへし左れは此目的にて譯するに方り一枚つゝ隔てゝ譯文を書くへし是れ引合すに容易なるの方なり若し又學生か外國語を熟知し殊に自國語ゟて正しく譯し得るならは譯するにも原文に復をるにも共に教師の助けを省くを得へし而して其自國語を好く知れるに隨ふて譯をるゟ益す容易なるへし又

余の勸めに從ふて譯するよりも棒讀みに力を致たせる者も原文を譯するに於て躊躇する所なかるへし何となれは原文の意を能く自國語にて言明するの人は豫め多く譯の稽古をなすを要せす而して能く原文の意を解する者は能く之を言明するを得るや明かなり

復文を改刪せんか爲に學生は之を原文と對照し其差違に注意をへし多くの書を讀み又は多少文法を心得居らは原文の妙所を知り得へし又學生にして年齡尙餘り幼少なるか或は未た自國語にて一向文を草したるとなけれは其譯文の上に原文を記るし敎師に出たすへし又質問の性質に從ふて敎師は字の綴り詞性或は文法上に學生の注意を向けしめ同種類の字にして其意味の差違あるを示めし俚語と作文体の間眞實の意味と形容上の意味獨立語關係語莊嚴なる文体と通俗體並に同一の思想を種々に現はし或は組立によりて意味の差違の起こる

ことを說明すへし如此にして級中の一人か教師に尋ねたる疑問は全級の人に最も利益なる教訓を與ふるの機會を開くへし而して其事柄にして少年者の手にする多くの書籍中にあらさる者なれは其利益一層多かるへし

時としては學生は原文に優さる句を作くることあり何となれは同一のことを種々樣々に現はすを得れとも著者は必しも句を練りて其中の最上の者を擇ふといふへからされはなり如此時として著者の右に出つることあれは之か爲に奬勵せられ文章の樂しみを增すへし然れとも如此事を務めんよりも唯學生は自分の誤謬を筆にて記るし後來誤りを再ひせさる樣記憶に存すへし再度其差違を考察するは記憶を强くし後來同一の誤謬を防くへし蓋し自分の過りを考ふるは後來之を避ける最良方なり又教師なしに外國語を學ふ者か復文をなすには譯文の

ある書により之と對照するを得へし又若し時の足らさるか或は其他の理由より復文を書く能はさる者は口にて譯し之を復すへし復文の模範として用ゐへき者は文章の種類といひ文体といひ學生の最後の目的に最も適したる者により而して多數の人の要する所は書翰を書くにありて此目的には題目の平易にして文体の單純ある者にあり大家の文を復文するは時日の損失に歸をへし

詩才ある學生にして能く散文を書くに至りたる後詩歌を作くらんと欲するか或は唯詩の巧拙を知らんか爲め詩法を硏究せんと欲せは其最も好む詩家の作を手本とし復文をなすへし旣に余の述へたる所に從ひ敎師か學生に讀み聞かせる詩句か外國語に特別なる音調詩法に其耳を慣らせるを以て苟も詩才ある學生ならは詩を作くるに困難を感せさるへし文を譯するは自分の文体に詩風の妙調を得る者にして

其文才を增すや必せり然り而して之を原文に復するの盡力は眞實の意味と虛飾の意味との間平易の文体を莊嚴の文体との間散文體と詩體との間の差違を知らしむへく叉韻を踐み綴りを限きるの必要より文字を調へるを以て單語をも多く覺ふへし

或る時日の間復文をなさは自ら文を草するを得へし一旦文字か思想を直接に現はすの記號となりたれは其親しき題目を取りて文を草せんと欲せは容易に文字は其筆頭に流出そへし概して面白く好く書ける物語を讀むとは文體と事柄と共に記臆に存せしむる者にして大に學生の進步を助く初めの中は作文をなすに書くと話なすとは互に助をなすを以て敎師の述へたる事を書くか或は其書けるとを敎師に話なすへし然り而して學生の進步するに隨ふて句を長くし述へると之を書き取る時の間を長くし終に準備なく書くを得るに至たらしむへ

し蓋し善良なる著作を研究し種々の智識を得其好尙を磨ける後は獨り其才能に依賴すへき時の來る者にして外國文を草すると自國文を草すると齊しき位置に達すへし而して玆に達せは作文の上達する方便は最早外國文自國文の區別なく彼我同一の方便によるへし事情に隨ひ或は好む所に隨ひて注意を書翰事物景色人物其他明了精密の考を有そる何れの事にも用ゐへし

既に讀みたり聞きたり短句を作くりたり物語を口に述へ文に書き思想と其記號なる言語文字との連合によりて外國語にて考ふるを得るに至りたる時は外國語の忩れかたきと猶自國語の如くなるへし共に堅く腦裡に存すへし而して耳目口舌手指は固より智力上に齊しき習慣を存すへし如此して得たる習慣は壯年になりて外國に行き得たる習慣よりも大に正しかるへし蓋し余の述へたる所に從ひ善良なる書

籍或は教師を手本として學へる者は未た能く外國語を話す能はすして外國に行きたる者よりも誤謬に陥るの危險少し實に未た外國語を知らすして外國に行ける場合に於ては屢は不正に話す人民の仲間に入ると正しく話すに足るまて言語を聞き習はさる中に其意を通するの必要より話なすを以て誤まりを行ふや必然なれとも人に之を正さるゝは稀なれは避くへからさる惡しき習慣となるへし然とも其正しからさるの塡合せに其人は外國に在りしたけに達者なるへし
外國語にて正格なる文體を得るの方法は自國文に於けると同一の方法によるを以て余は此事を布演せす唯既に述へたる定說即ち好く文を草するは勉强して名家の作を研究し絕へす之を摸擬すへし通例は會話と通信に最も適せる平易の文體を手本とせは十分なり余は自國語以外に國語にて大に高尙なる文を草するの必要あるを見す試に見

よ最もラチン文に達者なる人は最も自國文に達者なるの人にあらすラチンの詩に達したる者亦然り蓋し國語は互に大に異なる者なれは二國語にて共に好く文を草し詩を作くるは殆と人力の及ふ所にあらす一方に達者になれは他方に拙きは免かれ難き所あり左れは外國文を草するは餘り深く奬勵せんよりは寧ろ制限する方然かるへし而して其然る所以を明にせんか爲に自分の實驗より述へたるヴォルテヤの句を引用せんに氏はロードボリングブロークに送りたる書中に曰く貴國の語を殆と二年間絶へす研究せる後佛國に歸り佛國の院本を書くに當り殆と英語にて考ふるに慣れたるを以て以前の如く佛語の自在に想像に浮はさるを發見せり是れ恰も流れの變りたる河身の如し之を舊流に復するには多くの時日と盡力とを要したりと

文典修辭及ひ論理は語學研究の助けとして用あり國語の微妙の所を

知らんと欲せは吾人は國語の天眞を學はさるへからす其根本の原則を知らさるへからす思想と言語の關係を解剖せさるへからす以上ゐ述へたる方法は好奇心摸擬力に基き道理に從ひ應用するにあるを以て其成功や期すへきなり又學生の學力に差違あるも同一の利益を教師より得へきを以て公の教授には大に適せり而して此利益は殊に夫の學生か自ら爲し得るとを教師の前にて爲さす教師は學生の獨りにて出來さるとをのみ教ふるより起る如此して余の方法は教師及ひ學生の爲すへき適當の範圍を定む卽ち學生は自ら文字を學ひ教師は言語を教ふるにあり而して此方法は徒に時日を要する準備的の稽古を省くへし一時に一冊の書あれは是れよて讀むとは勿論聞かすとも話なすとも復文も出來へし而して獨學の方便にて國語の最も要用なる一半を知りし上にて教師の助を要するを以て壯年者及ひ貧人をして兒童

富人と齊しく外國語を學ふを得せしむ
事務に從事せる多くの人は外國語を知るの必要を感するも字典を引き或は準備的の面白からさる者を習ふの面倒なるより其意を果たす能はす而して若し一旦此面倒を執るも中途にして廢學せは毫も得る所なくして徒に苦をなせる時の記臆を憶ひ起こすに過きさるへし然るに余の述へたる單純自然の法ニ從へは壯年者には勿論晩年の人にても尚能く國語を習ひ得へく其得る所兒童か通常の方法にて數年費やして得たたる所に優さるへし二十ヶ國の語に通したりといふ最大の博言學者「エリヒユー」「スカリガス」等は皆壯年の後に師に就かす余の述へたる所に同しき方法にて之を學ひたるなり「ブルターク」は晩年にラチン語の研究を始めたる人なれとも速なる進歩をなせり氏の云ふ所によれは氏の智識は能く記者の思想を味ふに足れりと「セミストク

ルス」は亦晩年に至たりペルシヤ語を學へる人なれとも氏の傳記者の云ふ所によれは之を學ふと一年にして氏はペルシヤ人よりも巧に國事に關しペルシヤ王と談話せりと羅馬の議官「カトー」は老年にギリシヤ語を學ひて之に通達せり「アルフアイリ」は四十八歳にしてギリシヤ語の研究を始めたれともギリシヤ語學者として高き名譽を得たり「サーウヰリヤムジヨン」は三十の歳より東洋學を始めたれとも善く之にて詩を作くれりヴージル及ひホーマーの詩を英譯したる「オジルビー」は素と舞蹈の教師にして四十歳まてはラチン語一字も知らす叉四十四歳まてはギリシヤ語を一字も知らさりし、有名なる學者「モーガード」は六十歳の老年に伊太利亞語及ひ西班牙語の研究の始め之を研究する三ケ月にして伊太利亞語及ひ西班牙語の立派なる教師となれり有名なる博士「ジヨンソン」は其七十歳の時に至り尚事物を學ふの才能あるや否を知らんか爲に和蘭語の研究に掛りしに能く成就して其心力の尙減せさりしことを證せり「ヒターボロー」の僧正「リチヤードカムバーランド」は八十三歲の高齡に於て當時博士「ウヰルキン」の出板せる埃及語の新約全書を讀まむか爲に埃及語を學ひたり

吾人は容易に外國語を知るを得るは幸なりといふへし交際の情は人の自然にして吾人は絕へす互に直接に思想を現はし交通せんと欲する者なれは此天性を妨たくる者は其如何を論せす人類の進步の有害なり且や人類は交際によりてのみ滿たされ孤立にては失はるゝの才能を賦與されたる者なれは國民の間の智識交換の要具なる善良なる語學研究法を講するは開明進步を助くる少々にあらさるへし

第六章　語學と智育の關係

語學の研究は數學の研究よりも兒童の才能の進步に利あり

（マダムデスタエル）

語學を研究する者に二種類の人あり其一は全く實際の目的よりして之を學ひ他の一は其心意を發達せんか爲め或は自國語の智識を廣める方便の爲に教育の一部分として之を學ふなり而して第一種類の人卽ち智力既に成熟し自ら勉强する人の爲には既に述へたる實習法は殊に可なりとす就中既に普通科を終り之より專門に從事せんとし之に從事するには外國語か必要なるの人及ひ其年齡の如何なるを論せす嗜好より或は必要よりして外國語を學はんとするの人若くは交際の爲に之を學ふの人に利ありとす然れとも其職務忙はしくして間暇なく且つ直接に思想交通の必要あらさる人には此方は宜しからす而して第二種類の人卽ち學校の生徒等殊に十二三歲以下の兒童には比較法は可なる者にして教師の須らく敎ふへき目的を達するに利あり

且つ教師は外國語並に學生の語を共ニ知り居るを要す教師は譯して兒童に教ふれは大に其智力を發達せしむへし兒童は其前途永遠なれは外國語を知るに急くを要せす早く之を知るも未た之を用ふるに至たらさる中に之を忘るゝならん實習法は心を用ゐしむると少きを以て速に專ら其語にのみ達すへし比較法は之に反し絶へ考察力を働かし心意を鍛練するの利益あると同時に自國語に達者になるの助けとなるなり又實習法は最も近代の國語を學ふに適し比較法は古代の國語に最も適す

其數少しと雖も古代の語にて書かれたる歴史演説文詩歌の高尚なる書は常に秀逸の標準として久しく存すへし其紙上に滿つる優美は人の嗜好を高尚にすると同時に心意は俗外の事物に關する思想と事實とを考察する方に働くへし古語は變化常なき流行の影響の外に立ち

學者の研究の根本にして且つ文學の標準たる間は近代の語の絶えさる變動を妨たくるの傾きありギリシヤ、ラチンの古文學は學者の模擬する所なり新奇を好むの情は一時の間近代の國民を嗜好の眞意の外に牽くヿあるへしと終も古文學の研究は常に之れを其眞正の標準に歸らしむ文學に關係ある事に從ふへき兒童の智力上の敎育に於て古代の國語は注意の大部分を占さるへからす古代の語は獨り僧侶醫者法律家學者の生活に必要なりと思ふは狹隘の見なり之を知るは唯僧侶醫者及ひ法律學に利益あるのみならす古物學者哲學者文學者及ひ政治家にも利益あり何となれはギリシヤラチン語は古代の遺物の解釋者なり吾人の法律の根本なり近代の語の源なり歐洲の國民相互の間及ひ古代とを結ひ付けるの羈絆なり左れは之を研究するは人の才能を最も發達せしむる者にして最も高尚なる智力を導くの源なり數學は普通に信せらるゝか如く此上もなき論理的の稽古にあらさるなり若し專ら之をのみ研究すれは寧ろ人をして一般の推理に不適當ならしむるの傾向あり蓋し數學は語學及ひ哲學よりも人の心意を狹隘なる範圍に限きり一向變化のなき極りたる議論に跼促せしめ其判斷力を分量の關係に用ゐしむるも性質及ひ其他の要用ある關係を忽諸に付そるを以て生活の通情の事情に於て最も要用なる了解力を停止の有樣に保つなり然り而して語學の研究に於ては世事に關し種々樣々の事柄を讀み及ひ聞くよりして推理の各方法議論の各種類に心を用ゐるなり夫れ善良なる書を讀むは談話作文を知らしむる實地の論理にして社會の交際をなすと齊しき關係ありて規則例外の間の注意區別をなし同しく考察模擬及ひ發明才を働らかすなり卽ち歸納類推及ひ解割法を行ふなり而して數學上の證論に於ては義理明白にし

てこれより殆と一歩も他に踏み出すへからす然るに思想を言ひ現はすに於ても文學の研究に於ても學生は考察比較判斷し自分の經驗を應用し疑議を可否し矛盾を解き謬論を現はさんと欲すへし是を以て勢ひ複雜なる推理力を養生するに至る是れ古文學の研究の重なる價値なり又國語を學へは思想を富ましめ之を現はすに達者なるに至たり心意を開發す蓋し國語を完全に知らんには讀むと聞くと話なそと文を草するとを知らさるへからす而して之を知るには種々樣々の稽古を爲さゝるへからさるを以て智力を開發するや明なり且つ善良なる記者の思想情操は大に人の好奇心を滿たし同情を起こし嗜好を高尙にし判斷力を活潑にし記臆を富まし了解力を增さしむ

比較法にありては二國語を絕へす比較するよりして視察考察力を常に活潑ならしむへし然れとも吾人は唯知りたる物の外比較する能は

さるを以て外國語を讀むの力を有するにあらされは彼我の文體思想を比較し利益と興味とを得る能はさるなり讀書に於て安全に進まん爲に未た自分には學ふ能はさる兒童は譯によりて知らるゝ總ての研究に於て助けらるゝを要す乃ち兒童は俚語の眞意文字の種々の意義類似の字の意味の差違を告けられ原文を誤まらす又自國語法に一致せる樣譯せるか爲に助けらるへし而して教師は其譯文を原文と對照し學生の疑を明にし不規則の點を説き二國語の間組立の異なるより起こる困難に勝たしむへし

ギリシヤラチンの語は最早談話に用ゐられさる國語なるを以て談話の稽古を廢し原文を説明し及ひ之を譯するに時を用ゆへし此二事は近代の國語にては得へからさるの要用あり殊に教師は學生の國語に通し其教ふる所の廣く且つ正確なるに隨ふて然かりとす譯するは原

文を了解するの方便として非難すへきも自國語の言語文章詩歌の稽古として見れは大なる助けとなる者なり旁ら自國の記者演說家の集を研究し外國語を譯讀すれは久しからすして言語に達者になると規則によるの比にあらす然れとも善良なる文體を得自國語を言ひ現はすに達者にならんには譯讀よりも飜譯するは優されりとす蓋し譯讀にありては題目を知るに急にして句を練り或は自國語法に最も適したる文句を求むるの暇なし然るに飜譯をなすには文字句法及ひ論理の關係の如何を考ふるを得へきを以て好事情の下に作文の實習をなすなりデゲランド曰く少年の士か作文の總ての法を最も好く知るには飜譯するにありとダーレムバール亦曰く他日自分の文の人に譯せられんとを欲すれは先つ自ら人の文を譯すへし飜譯の業は心をして思想に富ましめ文を習ふ最上の學校なりと

多くの智識なくして文を草すれは最も好く出來るも通常の事を述へ句を飾りて其思想の乏しきと蔽ふに過きす然るに外國文は問題を取扱ふの模範となるのみならす之を譯すれは作文の最良の方便なり善良なる著作を譯すれは常に正格なる思想を現はすを以て以前には思はさりし題目を考へ隨ふて思想の範圍廣くなり譯するは自分の思想を言ひ現はすよりも困難なるを以て筆は達者になるへし自分の文にありては必しも其題目を熟知せそして自分の知れる少しの文字にて之を現はし隨意に都合の惡しき事抔の文句をも省くを得れとも飜譯にありては著者の意を明にすへきを以て此困難を忍はさるへからす左れは大家の書を正密に譯するを得るに至たらは自國文を草するには少しも困難なかるへし教師は善良なる模範を以て容易に學生に文勢優美句調其他學生の好尙を高くし或は其判斷力を活潑にする總て

の事を知らしむるを得へしロードブラハム曰く初は最良の著作を研究し次に多く飜譯するによりて自國語に於て文章の正しき習慣を得るは必要なり(中畧)多く文を草せるに從ふて口舌の達者なる者なりとシセローは吾人に告けて曰く氏は大演說家となれるはギリシヤの演說家の文は多く飜譯せるによると飜譯するは唯言語文章の力を增すの方便たるのみならす智力上の稽古としては未た好く知らさる國語にて文章を書くによりて得へからさる利益あり著者の正格なる意味を知り又著者の思想を現はすに最も適したる文字文体を撰擇するは大に心意を鍛錬するの作用あり譯する前には是非とも著者の意を十分に知り之を自分の思想となさゝるへらかす著者の思想を正格に譯し得るは獨り能く著者の思想を知れる時もあり唯然り故に著者は何を以て特に此文字を用ゐしや其如何なる部分は果して主要にして如

何なる部分は枝葉なるや其相互の關係は如何と吟味すへく又殆と何れの文字も種々に譯し得へく何れの句も樣々の文体に爲し得へきを以て其心力は常に各格段なる場合に最も適したる文字文体を撰擇するに勞すへし乃ち譯者は著者の意を過不足せさる樣其想像力と判斷力とを用ゐさるへからす其原文の勢力と優美の點を好く知りて之を譯文に寫つさゝるへからす而して其好く成功すると否とに關はらす譯者の勞力は共に其利益となるへし之を要するに譯者か原文を明了に自國語法に入れて譯せんとすれは其句を改刪し解割し比較し句調に叶せるを以て視察考案判斷をなすなり即ち思考力を練るなり

對譯をして未た自國語に於て左まて文を作くりしとなき者に利益あらしめむか爲には敎師に就て之を爲さゝるへからす敎師は文字の撰擇形容の使用句の長短其他善良なる文体の總ての元素を敎ふへし左

れは此目的に向ふて教師は學生の國語の正格にして廣き智識を有せさるへからそ善良なる教師の下にありて譯讀に骨折るは專はら外國語を知るに傾むく棒讀みよりも少年の士には概して利益ある者とす外國語は自國語に達者ならしむる者なれは此事を常に心掛け居らさるへからす然り而してギリシヤ語ラチン語は最も此目的に都合よき者なれはギリシヤ語ラチン語は常に譯讀すへき者とす

ギリシヤ及ひラチン語の教師は自國の人なるを以て通常は其教へるギリシヤ及ひラチン語よりも學生の語に達者なれは彼の學生の語を好く知れると稀れなる近代の國語を教へる外國人よりも學生か自國語に達者になる助けとなるへしギリシヤ及ひラチンを學ふは重に自國語の智識を増さんか爲なれは外國教師よりは此智識を多く得へからす古代の語を學ふと近代の語を學ふとは其目的大に異なれり古代の

語を學ふは自國語に達者にならんか爲めにして近代の語を學ふは其語に達者にならんか爲めなり左れは近代の語は之を以て思想交換の具となすにあれは直接に思想と言語とを連合する實習法によるを要す然るに古代の語にありては此方法は不適當にして對譯卽ち比較法によるにあり實習法及ひ比較法は之を同時に行ふへからす之によりて見れは古代の語の代りに今代の語を少年に敎ふへしとするの改革家は大に過まれる者なり尤も今代の語の優美なるは古代の語に競ふに足り又其利益大なりと雖も之か爲に古代の語を廢すへからす況や如此變化の起らは外國人は文學上の勢力を占め文學上の名譽を左右するに至たらん是れ大に不都合にして今日の文學上の制度と兩立すへからさる者にして亦國情の惡む所なり又ギリシヤ及ひラチン語にて文を草するに力を用ゐしむる勿れ是れ大に時日を用し古文學を學

ふの時日を非常に長くするを以てなり學生の注意は須らく眞に要用なる古代の大家の書を讀むと解剖するとに用ふへし古文學の眞誠に利益ありて了解力を活潑にし自國語に達者ならしむるは古代の大家の思想文體を考察し殊に對譯或は摸擬によりて其優美を自國文に移つすにありて古文にて之を書くにあらさるなり

古文學に深きも之を以て自國語に秀てたるの標準となすへからさるや明かなり正當の順序より云へは自國の古文學は古代の文學と齊しく研究されさるへからすラチン及ひギリシヤ語を知るは智力上の贅澤なれとも自國語を知るは智力上の必要なり少年の教育には自國語を以て第一とせさるへからさるに今に至るまで世人は之を忽諸に付せり自國語は殊に必意の機關にして尤も學ふへきは自國語なり自國語を好く話し好く書くはラチン語に達者なるよりも要用なりとす私

事に於ても政治上或は外交の問題に於けるか如く最も善く話し文を草する者は常に勢力を得へし實に談論は勢力なり古文學を研窮する大目的も必竟此最も要用にして最も樂しむへく又最も感服すへき此力を增さんか爲めなり唯外國語を讀むとをのみ敎へる亞米利加の敎授方も敎師か對譯によりて學生を其自國語に達者ならしめんとすれは大に利あり學生の對譯の如何によりて學生か好く原文を解せるや否を定むるには外國人よりも自國の敎師は宜しかるへし

敎師は學生をして其讀み或は聞きたる所を口に述へ或は筆に書かしめは棒讀み棒聞きも譯するか如く亦自國語を話し或は書くの力を增さしむへし此稽古は獨り學生の勉强の如何を試みるの方にあらすして亦口舌筆紙に達者ならしむるの利益あり而して又一方に於ては學生か其讀み或は聞きたる所を問はるゝの恐れあるより一入注意して

讀み或は聞くへく隨ふて深く其心に銘すへし又夫の物語の稽古は智力上の記憶を盛にす是れ原因結果及ひ前提推斷の關係に於て問題を解し思想の連絡を付けるより起まる而して如此して得たる能力は器械的の記憶卽ち偶然に並へたる文字を記憶し居り毫も判斷力を用ゐす論理の連絡によるよりも寧ろ一定の順序に從ふて之を憶ひ出たすに過きさる者に比それは大に心意上に利益あり又復文は之を摸範に比較し及ひ文句の差違題目を取扱ふ方法の如何を區別するの必要よりして視察考案及ひ判斷力を增すへし又作文に於ては純粹の物語は種々の偶然の事に係るを以て殊に記憶力及ひ想像力を盛にす而して記事論說は此外に一層高尙なる智力を喚起そ卽ち記事のありては事物の精密なる吟味及ひ分類の明了なるを要し論說は重に明了なる了解力と論理の整然たるを要すされは記事の詳密なる程多く考察力を

要し論說の論理に叶へる程多く推理力を要す
復文に於ては二國語の性質を譯するを以て敎師か二國語の間の異同を學生に示めし大に學生を利するを得へし蓋し二國語の間の一致は一般の文法の原則を打ち立て其互に異なる點は特殊の文法の規則となる字典及ひ文法の一致を定むる見込にて種々の國語を比較すれは國語の由來人類の歷史及ひ國民の移住の事を明にするを得ん敎師は學生の解し得かたきとを省き時としては此等の事を話し文字の根原文字か一國語より他國語に移つれる間に受けたる變化を示めすへし若し學生の智力か一般の文法の硏究に適するに至たれる時を計かり一般の文法を說明せは大に少年の士に推理力を增さしむるや疑ひなし故に敎師は文法の術を組織する事實の上に出て種々の國語を支配し文法の學を組織する普通の理法の考察に掛るへし然れとも此事は

敎育に於て大に忽諸に付せらるゝを見る兒童はラチン語グリース語佛語及ひ獨逸語を敎へらるゝも總ての國語ょ普通なる理法を敎へらるゝと稀れなり而して之を敎ふる能はす又學生の語に暗く學生をして其自國語に達者ならしむる能はさる外國敎師は余の述へたる實習法によりて外國語を學生の思想の具たらしむへし若し又敎師か自國の文法及ひ文學の批評を熟知せは生徒の既に讀みて其好く知れる善良なる書中の一を撰ひ文字の性質曲折字根發音出所同意義及ひ種々の意味を示めし又文句に就て文法の規則を知らしむへし又其稍進步したる時は學生の注意を文體の上に向けしめ文句の勢力適切微妙優美及ひ妙調卽ち妙文を組織する各事物を知らしむへし然とも敎師は徒ょ文字を詞の部分に解剖し術語を說くか如き心意を開くに足らす又國語の實際を知らしめさる稽古を爲さしむへからす

格段なる文法は歸納の術なり總て如此術に於ては吾人は事實により原則に達するなり其事實の多きに隨ふて其原則も益す概括なる者とす習慣は國語の法にして文法は之を概括したる者に過ぎそ如此文法は國語より作くられたる者なれは隨ふて國語によりて文法を學ふへくして固より文法によりて國語を學ふへからす總て文法の規則は何れの書中にもこれあるを以て之を指示するは敎師の務めなり尤も無形の規則は兒童の解し難くして忘れ易き者なれは注意して之を省くへし若し學生にして先つ文法上の規則を學ひ居らは歸納により推理力にて得へき視察比較類推及ひ概括力を用ふる能はさるへし且や知らさる事實に應用する規則は全く面白くなき無形的のとなり然るに心意は分散せる思想を分類し知りたる事實の道理を發見するを樂しむ者なり歸納或は解割法によりて文法を研究するは最も正當とまして

心意を鍛練するに最も利益あり乃ち事實を視察し比較し其類似と差違を認め終に其一樣なる事實を同一の階級中に入れ如此して一に概括せらるゝ者は規則となり何れの階級にも入らさる者は例外となる又殊に作句の稽古は思想を現はすことを複雜にするを以て文法の實地の智識を與ふると多し模範に從ふて句を組立るは思想を現はそに作文法を應用するなり如何なる句と雖も作文法の或る規則を包まさるはなきなり左れは敎師は之によりて文法上の智識を知らしむるを得へし類推力の原則によりて作くれる句を分類し概括するによりて字句を支配するの法則は自然と歸納によりて明になるへし夫れ實際と理論とは互に相助くる者にして而して如此にして文法を知るは記憶力に訴ふるにあらすして判斷力によるなり總て此等の文法上の歸納は學生に利益たるは勿論なれとも之か爲に亦其觀察の助けたるの具

を排斥すへからす蓋し句より文法の規則を推論するのみにては未た盡せりといふへからす是れにては文法の完全整頓したる智識を得へからさるを以て之を十分に知らんと欲する者は之に關する善良なる論文を研究すると必要なり而して二三ヶ月間之を研究すれは夫の歸納によりて得たる文法の分散せる思想を完全整頓するに十分なるへし又若し文法家たらんと欲せは文法に關する書を集め之を讀み之を比較し之を判斷せさるへからす

自國の文法を知るは外國の文法を學ふ此上もなき準備たるへし其名稱及ひ定義を同ふするを以てなり學生は自國の文法を知り居らは教師は外國の文法を説明するに大に便利なり加之自國語を外國語に譯するの助けとなるへし自國語を外國語に譯せんには其言語は如何なる部分に屬し如何なる働をなし居るやを知らさるへからす然れとも

ギリシヤ及ひラチン語の敎育は既に述たるか如く重に學生を自國語に達者ならしめむか爲なれは準備として先つ廣く自國語の文法を知るを要せす敎師の助によりて自國語の總て文法上の不規則の點を譯する時の解割によりて知るを得へし乃ち文字の異りたる意義文法の一般の原則に合不合の點を知るよりして自國語の細微の區別骨髓の智識を得へし今日の研究法を改め外國文法の研究は下級より上級に移し自國の文法は語學研究の基礎として先つ敎ふへし文法の研究は善良なる模範を模擬するか如く文章の力を增すの功なしと雖も文章の微妙の點を知り自家の文を道理に稱はせ定まりたる原則に入れるの方法を備ふ然らは理論は實地の要用なる助けなり

學生か全く聞くとに達者になりたる時は敎師は時々敎育の種々の題目に於て外國語にて話すへし尤も其題目は當時學生の研究し居る事

柄なるを要す乃ち教師は其國語の性質及ひ比較上の功能を論し其根元發達及ひ進歩の有樣を研究し其思想交換の具として或は智識を得る爲に要用なるを知らしめ其最上の著作を批評し其文學を吟味し又は之を學生の國の文字と比較そるを得へし又談話は不慥かと思はゝ學生の見聞を廣くし及ひ純粹優美の文体を知らしむるに足る秀拔の外國文を讀み聞かすを得へし又た其進歩せる學生にはギリシヤ或はラチンの詩を讀み聞かし節奏音調の妙を知らしめ作詩法をも說明すへし

吾人は國語を學ふに三の方法あることを見たり卽ち第一は專らなる實習法にして自國語を習へる方法より第二は專ら比較法による者にしてギリシヤ及ひラチン語を學ふに適する者是なり第三は實習比較法にして近代の外國語を學ふに適せる者是なり而して思想と思想の代

表物とを直接に連合するは第一の方法の精神にして對譯するは第二方法の精神たり而して第三の方法にありては學生は比較よりして實習に移つり對譯よりして漸く直接に其國語を用ふるに至たるにあり比較法にては決して其國語に完全に通達するに足らすと雖も然れとも此方は古文學を學ふ爲に變ふへからさる者なり教師は學生を學生の國語に達者ならしむるを得るは獨り比較法あるのみ實習比較法は他の二方の利益を兼ね其重なる役目は外國語を以て思想の交換を容易ならしむるにあり然れとも人の智力上に効あると少しギリシヤ及ひラチンの古文學は少年の教育に尤も要用なるを以て文學上の研究に歸したる時日の多くを之に用ふへし近代の國語は適當の時に其研究に掛らは十八ヶ月乃至多くも二ヶ年の歳月を費やさは一國語を樂しく且つ容易く之を話し得へし

第七章　慣例

夫れ方法は目的と一致せさるへからす吾人の外國語を學ふは之れを思想交換の具に供せんが爲なり而して此思想の交換は讀むと聞くと話すと書くとによりて行はるれとも就中讀むと聞くとは其用殊に大なり然らは先つ此二者を知るへきにあらすや然るに奇なるかな人々は外國語を學ふ重なる目的は之を話すか爲なりと主張するや殊に知らそ之を話なさんには先つ聞き習はさるへからす文を書かんには先つ多くの書を讀まさるへからさるを此通俗の謬見は殆と總ての語學研究法を謬まらせたる者にして唯話なすとをのみ知らんと計かるより遂に自然に反し國語の大目的なる讀むと聞くと話なすと文を書くとの關係を破なり智識の最も要用なる部分を怠り心意の法社會の要用に反するよ至たれり然らは今日語學教授法の殆と一般に過まれる

を見て別に驚ろくに足らさる次第なり文法を教へ文字を記臆せしめ音讀せしめ會話篇を用ゆる等總て外國語を話なすか爲めに慣例によりて行ひ來たれる者は皆其益なきを見る何となれは話すをは唯模擬による者あるに其模擬力も全く外にするを以てなり左れは語學研究に非常の時日を要するに至たれるも尤もなり而して慣例習慣によりて用ゐ居る方法中恐くは文法は最も有害なる者なり蓋し大に自然に反し規則を第一とし實例を第二に置き文法を研究の根據となすを以てなり抑も文法を知るも一向文字を覺へさる者なり然るに廣く文字を知るは善く話し善く文を草するには最も必要なり何となれは多くの文字を知れるにあらされは事情に應して其思想を適當に現はすによしなけれはなり文法ハ文字を撰擇する助けたらさるなり文字の綴り發音々節の高低を告けさるなり二國語の表面相似て其應用に差違

ある點を判斷するの助けたらさるなり前置詞に於ても名詞の性、數、に於ても亦然り叉形容言の性質何調僁語の形其文字の種々の意味々々の差違を敎へさるなり總て此等は國語の天眞勢力優美を組成する者は唯獨り廣く善良に著作を讀むより得へきのみ然らは文法は正格に話し及ひ文を書くの術にあらさるより唯文法に就て云ひ得へきは文法は或る範圍內にて正しく話し文を書くへき助けとなるといふにあり然れとも文法のみにては此目的に達するに足らす試に見よ總て其時日と注意とを言語の規則に歸したる文法の著者にして善く話し善く文を草する者果して幾人かあるや

ヴォルテヤは總て他の大著作家と齊しく其時日を多く文法の研窮に歸するとなくして其文學を得たるの人なるか氏は吾人に忠告するに多くの文法を讀むへからさるとを以てし佛國屈指のキラルドの文典の

如きも徒に讀者の文體を腐敗せしむる者なりと述へたり文法の利益や如此者にして若し文章にして嚴格に文法的になさは見るに絶へさる悪しき種類に就て滿つへし毎日吾人は外國人の誤まりたる英語を聞くとなるか是れ其英語を學ふ文法を用ゐ嚴格に文法の規則ュ從ふによると疑ひなし文法によりて文を學ふは固より理に背けとも語學研究の初めに於て文法を學ふは其愚や殊に甚しとす何となれは余の示めしたるか如く毫も言語文字を知るの助けたらされはなり左れは能く文法を初めより終りまて暗誦する者にして少しも話しも出來す聞き分けるとも出來さる者あるへし文法は先つ其思想を現はすへき材料のなき者に話なその勢力を與へさるなり又縱ひ文法は正しく話し又は正しく文を書くとを敎ふる者とするも之よりして直に文法は話なすと文を書くとも敎ふる者なりとの推測

をなすへからす唯正しく話なし正しく文を草することを教ふるといふのみ他言以ていへは言語文章の誤りを省き或は之を正すのみ故に文法より聊かにても利益を得んと欲する者は先つ話なし及ひ文を草するの稽古を初めさるへからすシカード曰く先つ能く話し得るにあらされは文法を學ふとの出來さる者なりコンヂラック曰く規則を學ふより初めるは恐ろしき誤まりなりロク曰く文法の規則によりて言語を話し習ふたる者あらは聞きたき者なりレメヤ曰く規則理論の時代は人の國語の智識を一歩も進めさる者なりタリランド曰く文法の規則は既に國語を知りたる者の爲にせる者なれは之を國語を知るの方便とするも毫も益あるへからす云々プルチエ叱呼して曰く嗚呼文法の如き者の世間に存する間は兒童は無智を免かれすと

文法家其人か平凡の談話家文章家なるを見は爭てか文法を以て安全

頼むへきの案内者となすを得んや其所謂定義及ひ規則も多くは不明了不完全誤謬の者に過きす且や文法家の間に異説の紛々たるは其題目の難澁にして文法の理論に就き明なる思想を有せさるを示めすにあらすや學術多しと雖も文法の如く著者によりて其定義を異にし分類を同ふせさる者なし最も根本の問題に係る者も尚一般に是認せらるゝの解釋を下たる者あるを見す抑も自國語にて文章に最も達したる者は文法家の規則よりも自分の思考によるなり試に思へ「セークスピヤ」「ミルトン」「ドライデン」「アヂソン」「ポープ」「ジョンソン」の時に於ては一も整然たる文法書なかりしなり況や「シセロ」「ヴージル」「ホレース」より「モレア」「バスカル」「マル子ル」「ラフオンテン」「ボリユー」「ラミーンダンテ」「ピトラーク」「ボカシオ」其他有名なる記者の時に於てをや此等の人々は文法を學ひしとは事變り文法家の因りて文法を推論せる材料を備へた

り文法の誤りたる定義より起こる一大誤謬は唯外國の文法をのみ知り文法を教ふるは國語其物を教ふるなりとの口實にて外國語の教師となりし者かなす誤謬にあり又多くの文法家は同一の口實をなし文法の初歩に教授の方法なといふ名を付する者あり又屢は未た之を解する能はさる兒童に文法を暗誦せしむるとあり「コンヂラック」曰く其了解せさる國語の規則を暗記せしめて兒童を苦むるより無益なる者なし應用するの能力なき者に規則を知らしめて果して何の用かあると文法の規則を諳記するか如きとにては深遠なる學者たるへからす又甚た要用なる觀察力判斷力を養生すへからす自ら觀察力判斷力を勞せすして得たる者は之を知ると雖も知らさるに齊し殆と其益なきなり總て吾人の利益を得へきは規則の文字にあらすして規則の精神にあり文法に於ても他の學問と齊しく規則の精神を知るにあらされは

規則を應用し或は元則より推論するを出來へきにあらす最も精察なる規則も好く其關係を知るにあらされは何ろ適當に總ての事情に應用そるを得んや適ま誤謬の原因たるへきのみ然らは則ち吾人をして自然に反し規則を以て初學者を害する方法の速に各學校に廢せらるゝを見んとを望ましめよ

抑も初學者に文法を教ふるを不可とせる總ての異論は齊しく移して以て初學者に作文を教ふるに適用そへし作文の稽古は文法よりも多く初學者を利する者にあらす何となれは文を解するとと文を草するとゝは別事なれはなり凡識ある者は文章を習ふ前に先つ最良の習慣の何たるやを知るか爲多くの書を讀まさるへからさるとを覺るなるへし且生涯中に最も要用にして而も之を知るに大に容易なる自國文の稽古をも左まてなさゝる中に之を書くへき機會の恐くは之れなき

外國文を兒童に課するは甚た道理に背けり

思想と文体との間に親密なる關係のあるに至たらは文章は知力を發達せしむるの稽古たれとも是れ唯外國語か自國語の如く其思想を現はすに直接自在となり實際に國語に通したる時にあり然れとも彼の自國語によりて外國語に譯するの人は外國語にて考へさる者にして其思想を能く現はすに文字を撰擇する能はそ何となれは未た文字の眞誠の意味を知らす其考の及ふ所は漸く文字の綴り文法上の一致等以前に習ふたる規則に從ふて文字を並へるに過きされは全く器械的にして料理獨案內によりて料理をなすと一般なるへし總て相當の時期に達せさる中に作文を爲さは其想像力を働らかすへからさると誤謬をなすと多きとによりて其好尚を改良するの功なくして却て害すへし人の信するか如く作文を敎ふるも之か爲に文を解する力を開き或

は外國文の微妙の所を知るの力を付するとの出來さる者なり惟ふに初學者に作文をなさしむるは慣例の他の方法と齊しく好く道理に適せる他の方法にては省かれ得へき誤謬をなさしめ敎師に之を改删する機會を生せしめむるか爲に用ゐしめたる者の如し初學者に作文を課するは語學研究のことを調へたる總ての記者によりて批難されたり其中には「ロリン」「ロジャスチヤム」「ミルトン」「ロキ」「モンテーン」「ルーソー」「ギゾー」を初め其他有名の人々少なからす而して文法の缺典を知るも文法の稽古の方法を排斥するを好まさる者は規則を容易に知らしめ少年者の困難を省かんと簡畧の書を編める者あるも却て弊害あるものなるのみ

外國語にて文を書き習はしめんか爲に文法の稽古を爲さしむるは不適當不完全なりと雖も之より更に甚たしき者あり卽ち初學者に自國

文を外國語に譯せしむると是なり學生は未た能く規則を知らさるなり其模範を有せさるなり文字の種々の意味及ひ差違を知らさるなり又自國文を其儘外國語に直譯するは果して外國語法の許るす所なるや否や同し特殊の語形容言のあるや否をも思ふとすらなきなり何ろ自國文を外國文に譯するを得んや不條理も甚しといふへし既に學問の進歩せる時に於ても尚自國文を外國文に譯するは甚た宜しからす曩に述へたるか如く外國文を其通曉したる自國文に譯するそら大に困難なる者なるに如何そ其好く知らさる外國語に譯するを得んや自國文を外國文に譯せしむるの稽古は文字を聞き慣れさる中に高く音讀すると同一種類の過なり此不條理なる稽古の起りし者は外國教師ろ學生の語にて多く文を作くりしとなく譯するにも不足を感するよし學生ヨ譯せしめ自ら利せんとするの事實より起りし者ならん教師

か譯文を改删せるは要用なるか如く見ゆると雖も讀むと聞くと話なすとに於て徒に學生の進歩を妨け而して作文に於て利なきなり其强情によるか將た心の弱點なるか人は一旦蹈み込みたる過りの進路を變するを殆と之れなきなり蓋し初めは知らすして過りに陷り然る上は習慣となりて之を改ためさるなり右譯文の稽古は學生をして讀書の暇なからしめ教師をして文を直すに時を取るより古文學或は近代の語を説明し學生に語を聞くに達者ならしむる能はさるなり

學生は自然に反きたる稽古の爲に作文の根本なる部分を得さるを以て多少不道理なる特別の稽古をなさゝるを得さるに至たる書取の如きも其一例にして全く其功なき者なり例へは伊太利亞語及ひ西班牙語に於ては發音と文字との綴りとは一致せるを以て書取は全く不用なり其發音と綴りと相一致せるの密なる之を發音するは之を綴ると

相齊しきなり又獨逸語にありても書取を必要とするの理由なし文字の聲音は一定せるを以て其發音によりて文字を知らんと欲すれは假名を好く知り居らは十分なり佛語の綴りは其發音と屢々一致せされとも之を知らんには書取りよりも正音術詞性及ひ作文法によりて學ふへきなり英語は其發音の通り綴れる文字は稀なれは之を書くによりて少しも利益を得さるへし而して豫め之を知らされは之を聞きて綴るを殆と出來へからそ之によりて見れは書取は音讀と齊しく敎ふるの方便にあらすして學力の試驗法なり書取は誤謬を發見し之を正すの方法たりと雖も誤謬を行ふを防く能はす又注意すへきとあり卽ち書取の爲に一字の綴りを覺へるか爲に既に知り居る多くの文字を書くに時を浪費すれはなり少しの文字の綴りを知るか爲に別に習はすとも文章の他の部分にて覺ふへき者なれは特別に書取の稽古をな

すは損得相償はさるにあらすや多くの書を讀み且つ余の說に從ふ所の者は自國語に於て自然と發音を得ると齊しく正格なる綴りを知るは必至の結果なり書取の稽古は學生獨にて學ふとの出來さる者を敎ふるにあらさるなり然るに書取の廣く一般に行はるゝ者は書取は敎師に骨の折れす少しの才能或は學問あれは出來るを以てなり

初學者に發音の稽古を爲さしむるは綴りの稽古書取なろよりも有害なる影響を有せり蓋し文字よりして發音を推測するを以て耳に訴ふへき者は重に目に訴へるとゝなり大に自然に反せり音讀を早き時知らさんか爲に自國の文字を以て外國語の發音を付するも是れ大概功ある者にあらす何となれは筆にては目に新なる聲音を現はす能はす談話の呼吸を記るすによしなし何れの國語にても其國語に格段なる聲音響き節のある者にて例へは佛語の聲音の元素中英語の發音にな

き所の者八つあり故に英字にては之を現はす能はさるなり左れは自國語を以て外國語の發音を現はさは徒に目に誤りたる響きを知らしむるのみ

譯讀そる前に原文の各句を初學者に音讀せしむるは最も通常に行はるゝ所なりラチン語は自國語の響きと同しく音讀するを以て譯讀の前に音讀そるは不便利なきのみならす必要なるとなり然れとも文字は屢々同一の順序を取るも發音の互に大に異なる近代の歐洲の國語に於ては讀音を先つなすは毫も原文を解する助けとならす誤りたる發音に陷らしむ又毎句を互に音讀して譯するは題目の關係を破ふるを以て興味を失ふのみならす組立の意味を明にするの妨たけたり且や其共に知らさる發音と組立とに同時に注意する能はされは其一に氣を寄せる間に他の者を失はさるへからす乃ち此實習は譯するに於

て最も望ましき目的なる準備なく見ると同時に譯するの力を得るに反對の習慣を生せしむへし又一級の中にて一時に一人つゝ高く音讀するは他の者を多くの時の間徒然の有樣にあらしむ然れとも若し他の者か耳を傾けて之を聽かは他人の惡しき發音は多少習慣となり其害たる更に深し又一級に於て諳誦せしめ之を直さは古と同一の弊あり初めの中に敎師の前にて音讀せしめ發音の各誤りを正さんとすれは最初の中の第一目的なる譯讀すへき時は甚た少ゝの外殘らさるへし又或は時としてはある如く敎師は自ら學生の前にて各字句を發音して聞かしむれは右の弊は唯少しく減すへし蓋し初めて外國語を聞くに方りては容易に聲音の元素の間の區別を知り得へきにあらす況や節奏音調に於てをや此等の點は甚た微妙なる者にして之を聞き分けんには久しき間之を耳にし聽覺の非常に敏になれるを要す又讀方

を一の技術として見んに之を讀むに方り全く其注意を文意に用ゐ少しも他に意の牽けさるまて發音か其習慣となれるにあらされは外國語にて讀方に達すへからさる者なり且や讀方は其用甚た少し何となれは自國人に外國語を讀み聞かすの機會の稀れなる者なり況や外國人に之を讀み聞かすの機會をや然るに自國語の讀方に達するは最も要用にして且つ面白く亦之を得るに難からさるに能く之に達したる者殆と之れなきなり

右等の方法は語學の教授に有害なり殊に他の事業にて失敗し教師になれる無學不能の者に都合よきを以てなり學生に記憶せしめ教師に骨の折れさる稽古は亦批難すへきなり蓋し別に記憶力を働かさるゝも他の事をなさしめは自から之を働かすを以て暗記せしむるか如き必要はなきに教師は輙もすれは全く記憶力にのみ依賴せんとするを以

てなり文字働詞の變化問答書中の句を諳記なさしめらるゝ不幸ある兒童を見るは決して珍らしきヿにならさるなり夫れ國語を學ふの手初めとして文字を記臆するは自然の法に反きたる者にして一向用に立ちたる者なり讀書の準備として苦みて五六百字を知るに費やすよりも少しは時日の間對譯書によりて面白く二三冊の本を讀み得へし然れとも此點は既に論したれは余は問答集或は抜萃書を諳記せしむるヿに就て述ふへし此等の稽古に於ては注意は獨り文字の上に向けられ反覆するより文字の順序を覺へ諳誦力は益すに隨て原文を解剖するヿ益す疎なるへし是自分の意志を現はす所以にあらす原文を諳誦するより生する習慣は志想を言ひ現はすに要する心意の働と全く相反せり蓋し話すは判斷力の働にして諳誦は記憶力の働なり話すは思想の心に浮ふに隨ふて之に文字を付し諳誦は連絡によりて文字を並

へるなり話なすは文句を絶へす變化し諳誦は同一の字句を述ふるなり卽ち談話にありては吾人は文句は支配し諳誦にありては吾人は文句に支配さるゝを要するに話そには注意は思想にありて文字は思想に從屬し諳誦にありては注意は文字の上にありて思想は文字に從屬す今日其少しも了解する能はさる者を兒童に諳記せしむるは最も普通のとなれともモンテーン曰く暗誦は知れるにあらすと又會話篇を拔萃文の如く諳誦せしむれとも是れ會話を敎ふるにあらす其諳記する所如何に多きも唯他人の思想を言ひ現はすまてにて絶て自家の思想を現はさしめされは其會話の力は編輯者の特別なる思想に左右さるへし今夫れ談話は交際の種々の事情に應し文句を組立つるの自在なるによりて問答集會話篇を記臆するに左まてようさるなり類推力によりて種々の事を言ひ得る者なれは類推力を盛にするは徒に句を

思ひ出たすよりも利益多し例へは貴女と結髮師との間の問答集あらんに是れ恐くは流行の變化或は婦人の裝飾のとに暗き人の手になりし者ならんか如此者を以て流行の變化期節の差違人の性質年齡嗜好貧富其他枚擧すへからさる事情に關はらす貴女と結髮師との間の總ての會話の手本となすを得へけんや然れとも此方法の犧牲となれる者も概ね問答集の要用を試驗するの困難なかるへし蓋し其諳記せる所を實地に使用するに至たらさる間に之を忘却すれはなり此等の敎課は其利用少なきのみならす多くの時を要し甚た面白からさる者なり一定の順序に隨ひ文字を記臆するは實際の目的に向ふて記臆力を開く者にあらす一方に於て能力を開發するも其力は他に及ほさる者にて音樂に達者なる人か外國語の發音節奏を他人よりも容易に知るはけよ行かす目を色の上に用ゐれは物の形狀及ひ遠近を見るに明かならす左

れは字句を記臆するに勞したる者も之か爲に書中の事實場所日月重なる事柄を知るの力をは別に有する者にあらす之を要するに字句を諳記するは他人の字句を述ふるの能力を得るまてにて如此能力は智力を增し事務に達者になる者にあらす字句の器械的の記臆を以て智力的の記臆に代ふへからす兒童か文字の諳記諳誦に費やす時日は其判斷力を用ゐ及ひ國語の實習に於て失はるゝの時なり大なる級に於て多數の者か諳記せる所を敎師に尋ねらるゝ自分の番の來たるまて待つことなり而して敎師なる者は果して何を爲すや唯學生の言ふ所を聽くのみ敎ふるにあらさるなり敎師は如何に廣き智識を有そるも學生の爲には死したる文字に異ならす而して書籍に過きさる敎師は敎師といふへからす

今日行はるゝ敎授法にありては敎師の爲に準備せさるへからさるを

以て學生は內にては讀書をなすの暇なく又敎師の前にては話なすとをなその時なし左れは其學校を去るに方りては大概肝要なる部分を知らさるなり蓋し學生か高く音讀し譯讀し働詞を變化し會話篇を諳記し文法の規則を知りたる時は是れにて最早外國語の硏窮は濟みたりと思はしむるを以てなり然れとも此等のとにては少しも實際の國語を知りたるにあらさるなり學生は最も先に得へき最も要用なる讀むとを一向知らす讀書の硏窮は僅に二三冊の書或は書籍の一部分を譯讀するに過きす故に其學校を去りし後容易に樂しく讀むと能はさるなり書を繙く者甚た稀れなり總て此等のとあるは學生を專ら譯讀に限きり著者の精神妙味を味ふ能はさらしめ及ひ屢々切れ々々の書を讀ましめ外國の文學を知らしめさるより起これる悲しき結果たり殊にラチン語ギリシヤ語に關しては然りとす蓋し其自然に反し又社

會の要用に應せされはなり卽ち自然力好奇心模擬力及ひ類推力を用ゐしめす唯無理に諳記せしめ記號より實物に文法の規則より國語の事實に作文より讀書に及ほすを以て自然に反し又之か爲に望みたる智力上の發達を得すして古代の事物の研窮に少年者の時日を費やさしめ文明の必要なる智識を得さらしむるを以て社會の必要に應せさるへし

以上余の述へたる批評は敢て教師を批難せんか爲にあらさるなり教師中最も開けたる人々は余と同しく今日の方法の過まれるを悲めとも之か療治法を呈出せさるなり是れ之か改良を企つる者は一身上に害を被むるの恐れあるまても僻見の勢力盛なるを以てなりロリン曰く習慣は屢々心の上に專制を行ひ心意を奴隷とする者にして語學研窮法の如きに於ても道理力を用ゐさらしむと

知られたる總ての語學研窮法中好く自然に稱ひ或は讀むと聞とを話すと書くとに於て外國語に熟達するの方法を備へたる者あるを見ず國語を敎ふるの方法に關し書を著はしたる「チユマサイス」「ロリン」「プリチエ」「ラドンヴイリヤース」及ひ「レメヤ」の如きは甚た正當なる說を立てたれとも是れ專ら古代の語の硏窮に關する者にして更に言語に關したる方法を述へを又此人々の中には挿譯の方法を辨護せる者あり是れ可なりと雖も唯文學を知る爲の方便たるに過きす其他「ジヤコツト」「オレンドルフ」「ロバーストン」の方法等各缺點多し之を要するに以上の方法及ひ余の知り得たる他の方法も外國人の語を聞き取るの方便たらす況や國語に通曉するの骨髓なる外國語にて思想するの力を得へけんや正當なる分類法を得さるより語學敎授法に就て意見を異にし種々の方法現はれたり左れは語學敎授に携るふ者は其初に方り此等

の互に相異りたる方法の爲に迷惑し自ら一の方法を企たつるか然からされは古物たるの外價値のなき古來の習慣々例によらさるへからす而して此慣例によるは進歩に害あり古人は見聞に於ては吾人よりも若し吾人は便利の時に生れ其經驗先人に優されり既に吾人の見聞は先人に優されるを以て先人の意見をは吾人の行爲の標準となすへからす今や吾人の舊き器械を棄つへきの時にあらすや吾人をして實物界に於て爲したるか如く吾人の心に新なる方法を採用し總ての國民を交通せしむる所以の正當なる語學研窮法をして猶蒸氣の國民間の交通を密接になしたるか如くならしめよ

外國語研窮法終

明治二十年九月二日版權免許
同　　同月十六日出版

定價五十錢

譯者兼出版人　和歌山縣平民
吉田直太郎
麹町區飯田町一丁目
公園地內第七號

印行所　國文社
京橋區宗十郎町
拾五番地

大賣捌元　富山房書店
東京神田區裏
神保町九番地

取次所

東京 丸善書店
同 博聞社
同 佐藤乙三郎
京都 大黒屋書舗
大阪 三木佐助
同 柳原喜兵衛
同 梅原龜七
同 前川善兵衛
越後長岡 目黒十郎
越後水原 西村六平
仙臺 伊勢安右衛門
名古屋 川瀬代助

解題

江利川春雄（和歌山大学教育学部教授・日本英語教育史学会会長）

マーセル著・吉田直太郎訳『外国語研究法』一八八七（明治二〇）年

一八八七（明治二〇）年九月に出版されたマーセル著・吉田直太郎訳『外国語研究法』は、翻訳（抄訳）とはいえ、英語教授法書としては日本初の記念すべき書物である。

しかし、この本は訳者である吉田自身の手で吉田氏蔵版（奥付では「訳者兼出版人　吉田直太郎」）として発行されたこともあり、国会図書館や全国の大学等の図書館には所蔵されていない。そのため、本書に関するほぼ唯一の研究論文である竹中（二〇〇〇、八ページ）は、「わが国における英語教授法研究史上、マーセルの著書ならびにMarcel(1869）の訳である『外国語研究法』はほとんど顧みられることのなかった存在であると言っても過言ではないであろう」と述べている。

それでも、マーセルの『外国語研究法』に関しては、本シリーズ第三巻で復刻した杢田《まつだ》（一九二八）が二〇ページ余りを割いて内容を詳述しているほか、赤祖父（一九三八）、大阪女子大学附属図書館（一九六二）なども言及している。大村喜吉ほか編『英語教育史資料二』では第一章のみが翻刻されている。また、原本の英語版も一九一一（明治四四）年と一九二三（大正一二）年に東京の興文社から旧制高校・専門学校用の教科書として出版されている（後述）。マーセルの『外国語研究法』は、日本の英語教授法史を語る上で不可欠の一冊なのである。

マーセルと吉田直太郎

表紙には「英国マーセル著」と書かれているが、著者のClaude Marcel（1796~1876）はフランス人で、本来なら

「仏人マルセル」であろう。彼は一八一六年にアイルランドのフランス領事館に派遣され、領事を経て一八四〇年には名誉領事に任じられた。語学の才能に恵まれ、英語の能力はきわめて高く、領事館在勤中に語学学校を開設し、政官財界の多くの有力者を教えたという（Howatt 1984, p.322）。

外国語教育に関するマーセルの著作のうち、英語版としては以下のものがある。

1 *Practical Method of Teaching the Living Languages.* London: Hurst, Robinson and Co., 1820.

2 *Language as a Means of Mental Culture and International Communication, Or, Manual of the Teacher and the Learner of Languages.* London: Chapman and Hall, 1853.

3 *The Study of Languages, Brought Back to Its True Principles : Or, the Art of Thinking in a Foreign Language.* New York: D. Appleton and Co., 1869.

このうち1と2は、英国のRoutledge社が二〇〇〇年に刊行したFoundations of Foreign Language Teaching : Nineteenth-Century Innovatorsシリーズの第二巻と第三巻にフランス語版と共に復刻されている。また、3は2の要約したもので、吉田直太郎が翻訳の原本としたものである。この英語版は現在でもペーパーバックで発売されているほか、Googleブックスの電子版を無料で読むことができる。

前述のように、マーセルの英語版は日本でも*The Study of Language: Brought Back to Its True Principles*と題され、興文社の英語教科書シリーズ（The Kobunsha Series）の一冊として一九一一（明治四四）年に出版された。ただし、原本の二二八ページが一三九ページに抜粋されている。

一九二三年には同じ版下で、なぜか目次を削除し、*Way to Master Languages: Brought Back to Its True Principles* と改題されて興文社から再発売された。表紙には"The Kobunsha Series for Higher Schools, Shelf 1, No. 25"と記されているから、旧制高等学校・専門学校用の教科書として出版されたことがわかる。現に、金沢大学附属図書館所蔵本には旧制第四高等学校の蔵書印が押されている。

このように、マーセルの『外国語研究法』は、翻訳版のみならず、英語版も明治・大正を通じて日本で出版されていた。この事実は再認識されてよい。

マーセルに関しては海外では様々に研究されてきたが、近年のまとまった研究としては以下のものがある。

Roberts, J.T. (1999) *Two French Language Teaching Reformers Reassessed: Claude Marcel and François Gouin*. Lewiston: Edwin Mellen Press.

訳者の吉田直太郎は「和歌山県平民」で、マーセルの原本を翻訳・刊行した理由を「序」で以下のように述べている（句読点・濁点を追補）。

> 未だ外国語研究法を述べたる書あるを見ず。是猶《これなお》旅客に地図なきが如し。修学者其途《そのみち》を過《あやま》り、時日《じじつ》を費やすこと甚だ多くして、其得る所極めて少きは偶然ならず。余近日本書を獲《え》、之《これ》を閲するに、外国語研究の方法を述ぶる頗《すこぶ》る丁寧親切、就中《なかんずく》如何《いか》にして読み、如何にして聞き、如何にして話し、如何にして文を草すべきやを述ぶる詳密、之を道理に正し、実験に徴し、新説卓見紛々として誌上に満つ

吉田には、本書以外に以下の著述がある。

吉田直太郎編『袖珍和英字典』博聞社、一八八七
麻鴻禮《マコーレー》著・吉田直太郎訳『彌兒頓《ミルトン》論：批評の鏡』冨山房、一八八七
吉田直太郎纂訳・高田早苗校『懐中英和新字典』冨山房、一八八八

吉田の経歴等は不明だが、『懐中英和新字典』の一八八八（明治二一）年一月付の序文には「米国に赴く前日東京寓居にて」と書かれている。こうしたことからも、吉田の英語力は高かったようで、竹中（二〇〇〇、六ページ）は吉田訳の『外国語研究法』を「総じて的確に要点をおさえた訳となっている」と評価している。

『外国語研究法』の概要

本書の目次構成は以下の通りである。

このように、第一章で英語研究法（学習法）の分類と順序について総論的に述べたあとは、「読むこと」を筆頭に最も詳しく述べ、続いて「聞くこと」「話すこと」「書くこと（作文）」の四技能順に考察している。読解力を最優先し、外国語教授法を四技能に分けたことこそが、マーセルの大きな特徴である。

ただし、この読解力優先の考え方は、一九世紀末に起こった音声中心の教授法改革運動と整合しなかった。このことが一因となって、マーセルの業績は長らく忘れ去られてきたとHowatt（1984）は分析している。

日本の英語教授法史における『外国語研究法』

明治中期に、日本は英学の時代から英語教育の時代へと変遷した。英語を通じて西洋の先進的な学術・文化を学ぶ実学としての「英学」の時代は終わり、明治中期以降は英語が学校の一教科として教えられる「英語教育」の時代へと移行したのである。

一八八六（明治一九）年の学校令を契機に、明治後半には中学校、高等女学校、実業学校などの中等教育機関が整備・拡充されていった。それは同時に、生徒の多様化を招き、英語力の低下が指摘されるようになった。そうした事態に対応すべく、英語教授法の研究が進んだ。明治期の英語教授法書としては以下のものがある。

一八八七（明治二〇）年　マーセル著・吉田直太郎訳『外国語研究法』吉田氏蔵版

一八九一（明治二四）年　磯辺弥一郎編『外国語研究要論』国民英学会
一八九三（明治二六）年　崎山元吉『外国語教授法改良説』崎山元吉
一八九四（明治二七）年　岡倉由《よし》三郎『外国語教授新論・附国語漢文の教授要項』
一八九六（明治二九）年　松島　剛『英語教授法管見』水野書店
　　　　　　　　　　　重野健造『英語教授法改良案』文昌堂
一八九七（明治三〇）年　外山正一《とやままさかず》『英語教授法』大日本図書
一八九九（明治三二）年　内村鑑三『外国語之研究』独立雑誌社
一九〇一（明治三四）年　八杉貞利『外国語教授法』冨山房
一九〇二（明治三五）年　佐藤顕理『英語研究法』文声社
一九〇三（明治三六）年　高橋五郎『最新英語教習法』東文館
一九〇六（明治三九）年　ブレブナ著・岡倉由三郎訳『外国語最新教授法』大日本図書
一九一一（明治四四）年　岡倉由三郎『英語教育』博文館

このように、明治二〇〜三〇年代は外国語（英語）教授法の研究が始まり、発展をとげた時代だった。その嚆矢となったのがマーセルの『外国語研究法』である。

『外国語研究法』のもう一つの特徴は、「教授法、教授技術を説くというより、むしろ言語学習法の解説といった性格が強い」（竹中二〇〇〇、三ページ）ことである。外国語の教授法ではなく学習法が単行本として刊行されるようになるのは、内村鑑三『外国語の研究』（一八九九）、生田長江《いくたちょうこう》『英語独習法』（一九一〇）など明治三〇年代以降のことである。その意味で、マーセルの『外国語研究法』は日本における外国語学習法の先駆的な文献としても、その価値を再認識すべきであろう。

参考文献

赤祖父茂徳編（一九三八）『英語教授法書誌』英語教授研究所（ゆまに書房が『書誌書目シリーズ 三九　近代日本英語・英米文学書誌』として一九九五年に復刻）

大阪女子大学附属図書館編（一九六二）『大阪女子大学蔵 日本英学資料解題』大阪女子大学

大村喜吉・高梨健吉・出来成訓編（一九八〇）『英語教育史資料 二 英語教育理論・実践・論争史』東京法令出版

竹中龍範（二〇〇〇）「Claude Marcel の著書と吉田直太郎譯『外國語研究法』をめぐって」『四国英語教育学会　紀要』第二〇号

Howatt, A.P.R. (1984) *A History of English Language Teaching*. Oxford: Oxford University Press.

忢田與惣之助（一九二八）『英語教授法集成』私家版（非売品）　＊本シリーズ第三巻で復刻

英語《えいご》教育《きょういく》史《し》重要《じゅうよう》文献《ぶんけん》集成《しゅうせい》　第二巻
英語《えいご》教授法《きょうじゅほう》一《いち》

二〇一七年九月二〇日　初版印刷
二〇一七年九月二五日　初版発行

監修・解題　江利川《えりかわ》春雄《はるお》
発行者　荒井秀夫
発行所　株式会社 ゆまに書房
東京都千代田区内神田二-七-六
郵便番号　一〇一-〇〇四七
電話　〇三-五二九六-〇四九一（代表）
印刷　株式会社 平河工業社
製本　東和製本 株式会社

定価：本体八、〇〇〇円＋税
ISBN978-4-8433-5293-9 C3382
落丁・乱丁本はお取替えします。